文化现代性与大学生思想政治教育

李冰封　著

江苏人民出版社

图书在版编目（C I P）数据

文化现代性与大学生思想政治教育 / 李冰封著. 南京 : 江苏人民出版社, 2024. 8. -- ISBN 978-7-214-29457-9

Ⅰ. G641

中国国家版本馆 CIP 数据核字第 20242VK622 号

书　　名　文化现代性与大学生思想政治教育
著　　者　李冰封
责任编辑　鲁从阳
装帧设计　瑞天书刊
责任监制　王　娟
出版发行　江苏人民出版社
地　　址　南京市湖南路1号A楼，邮编：210009
照　　排　济南文达印务有限公司
印　　刷　济南文达印务有限公司
开　　本　728毫米×1000毫米　1/16
印　　张　10.5
字　　数　160千字
版　　次　2025年1月第1版
印　　次　2025年1月第1次印刷
标准书号　ISBN 978-7-214-29457-9
定　　价　58.00元

前 言

21 世纪以来，文化现代性的影响逐渐浮现。现代性是一个复杂的概念，既是一种时间上的概念，也与科学技术迅速发展对国家现代化的影响有着密切的联系。大致说来，现代性是指启蒙时代以来形成的一种新的技术世界体系和时代特征，大约起始于 18 世纪中期的欧洲启蒙运动，并持续影响至 20 世纪中后期乃至今日。这个概念涵盖了社会、文化、政治、经济和技术等多个领域的深刻变化，其核心特征包括世俗化兴起、工业化与科技进步对生产和生活方式的根本变革、全球化浪潮和后现代特征等。现代性是一个动态的、持续演进的过程，它既包含积极的成果，如经济增长、社会进步、文化发展等，也伴随着一系列挑战，如环境污染、人口问题、技术后果等问题。21 世纪以来的现代科技的发展，特别是计算机、生物技术、人工智能和信息技术以及互联网的普及等技术在现代社会生活中占据着举足轻重的地位，深刻地改变了人们的生存方式和生活环境，对文化的影响也是深远的，这种现代性所带来的深远影响，不仅对传统知识和文化提出了挑战，也对青年大学生的思想观念和行为模式产生了深刻影响。

以文化现代性的视角审视当代青年大学生思想政治教育的背景和土壤，实质上是审视自工业革命以来技术变革带来的人类思想文化的根本性变革。这一变革在整体上塑造了当代青年大学生的思想动态和行为方式，成为理解和把握他们的重要背景。通过深入研究文化现代性的影响，可以更全面地把握当代青年大学生的思想动态，触及他们面临的难点和痛点，为开展大学生思想政治教育提供重要参考。

理解文化现代性对青年大学生的影响至关重要。这不仅有助于把握时代脉搏和思潮，还能为更有效地开展大学生思想政治教育提供指导。在这个过程中，需要重视传统文化的传承和发展，培养青年学生对传统文化的认同感和自信心，以保持他们在现代文化冲击下的文化立场和身份认同。同时，也要充分利用现代科技手段，创新思想政治教育的方式和方法，引导青年大学生树立正确的世界观、人生观和价值观，成为有担当、有责任、有追求的时代新人。

本书将从多个角度探讨文化现代性与大学生思想政治教育的关系，并提出相应的理论观点和实践策略，希望本书能够成为广大教育工作者、研究者以及对大学生思想政治教育感兴趣的读者的参考工具，为推动大学生思想政治教育事业的发展贡献力量。

在编写本书的过程中，笔者参考了众多学者的研究成果，在此向他们表示衷心的感谢。考虑到笔者水平有限，书中难免存在一些错误和不妥之处，笔者热切期待广大师生在使用本书的过程中，能够发现并指正其中的错误和遗漏之处，并提出具有建设性的意见和建议。

目 录

第一章　导论

文化现代性与大学生思想政治教育相关性研究

第一节　问题的提出

21 世纪以来，在全面建设中国特色社会主义现代化和推进中华民族伟大复兴的历史进程中，当代青年大学生思想政治工作面临新的任务和使命，习近平总书记要求“把青年工作作为战略性工作来抓”，他对青年大学生寄予厚望。青年大学生思想活跃，求知欲旺盛，了解世界的途径也很多。青年大学生的思想政治工作落到实处就是立德树人。要深入透彻地做好青年大学生思想政治工作，更好地完成立德树人的根本任务，有很多的观察和阐释的视角，如思政课程建设、核心价值观教育、网络文化、中华优秀传统文化、人工智能、大课程思政、教育哲学等等。但选择“文化现代性”这个视角观察和阐释当代青年大学生思想政治教育，一是立德树人的根本任务，最终还是要落实到文化育人；二是现代性问题是工业文明以来的一系列技术变革引发的思想文化最突出的问题，现代性成为很多学者考察人类思想文化变化及其后果的前沿哨口，值得关注。所以，在本书中首先关注现代性视野下的科学与技术对现代文化的挑战，从技术文化及后果展开考察，技术化语境成为一种新的现实，技术视野成为一种思考问题的理念。其次，媒介化及其趋势对当代青年大学生带来的网络依赖症，微信视频、抖音、游戏以及各种交流软件，人的数字化生存成为现实，媒介化社会逐步形成，虚拟现实和人工智能延伸到青年大学生的学习和日常生活，并成为日常生活无法避免的存在。考察媒介及其趋势，以及媒介传播对青年大学生的心理和价值观的影响，成为本书的关注点，一部分青年大学生深陷媒介及其技术构筑的“互联网”中，成为“网民”或“网虫”，他们往往失去了独立思考和感受世界的能力。需要我们警惕的是，媒介及其后果对青年大学生的思维方式和交往方式的改变，确实带来了许多前所未有的社会难题，需要我们研究和思考。其三，消费文化的兴起成为 21 世纪最重要的事件之一，消费文化及其文化创造活动被称为时代精神的晴雨表，成为观察社会文化动向的一个标志，消费文化兴起及其影响成为青年大学生思想文化重构的关键性因素。

特别是人类进入21世纪以来，文化现代性的后果逐步凸显，新技术不断改变人们的生存境遇和生存方式。以计算机、生物技术、人工智能和信息技术为基础的现代科技，以前所未有的形式迅速改变人类的生产和消费，不断重新塑造人类的生活和生存环境，现代性及其后果，很大程度上构成了对我们的传统知识和文化的巨大挑战。从文化现代性的视野考察当代青年大学生思想政治的背景和土壤，就是考察自工业革命以来，技术变革带来的人类思想文化的根本性革命，从而在整体上把握当代青年大学生的思想动态的大背景，从思想文化的更深层触及问题的难点和痛点。

第二节　文化现代性视野

现代性问题的研究已经持续了很长的时间，一时还成为学术界的“显学”，近年来热度不减。现代性问题成为各学科的前沿课题之一，有其深刻的思想背景、社会现代化动力和文化变迁的原因。首先要明确的是，现代性是与国家民族的现代化进程联系在一起的，现代化意味着工业化，是人类进入工业革命以后，资本主义大生产带来的经济、社会、文化、科技等领域的现代化。20世纪50年代初期，中国就把“实现农业现代化、工业现代化、国防现代化和科学技术现代化”列为发展目标。所以，有学者认为，世界各国的现代化包括欧美发达国家的工业化和后发国家“追赶工业化的过程”。[①]从世界范围来看，“现代化”造成了全球性的大转变，使得世界各国从传统农业社会转向现代工业化国家，其影响是深远的，从广义上来说，“现代化主要是指自工业革命以来现代生产力导致社会生产方式的大变革，引起世界经济加速发展和社会适应性变化的大趋势，具体地说，就是以现代工业、科学和技术革命为推动力，实现传统的农业社会向现代工业社会的大转变，使工业主义渗透到经济、政治、文化、思想各个领域并引起社会组织与社会行为深刻变革的过程。”[②]当然，现代化的内涵复杂，但其中一个主要的因素就是以技术为

① 赵义良.中国式现代化与中国道路的现代性特征[J].中国社会科学，2023（3）.

② 罗荣渠.现代化新论———世界与中国的现代进程[M].北京:商务印书馆，2004:03.

主导的社会生产力的发展，带来的全社会各领域各方面的大变革，“这个过程涵盖了经济、政治、文化等各个领域，是人类一种新的文明形式的开拓。”[①]

从时间来说，现代化是一个时间范畴，也是一个历史范畴。

从现代化的语境来说，随着中国现代化进程的加快，也出现了很多问题，工业化、人口问题、环境问题、经济问题、城市化、后现代语境、网络文化冲击等等。短短几十年，便完成了工业革命并向新型工业化国家的转变，在这个过程中，最深刻的变化是人的心理、思想文化的变迁。这就要求我们从更加宏观的层面来理解现代化过程带来的诸多问题，这就是现代性视野。

有些人认为，现代性充满歧义和复杂的概念，并不新鲜，但我们认为，考察工业革命以来的思想文化的变迁，现代性是一个独特的视野，既是方法论，也是对现代社会的普遍本质和特征哲学反思。所以说，现代性不仅仅是一种观察和理解现代社会思想文化的视角，同时也是人的现代化体验与反思。有学者指出，现代性问题已经超越了西方的地理范畴，“它已跨越了民族国家的界限而成为一种世界现象”，同时，谈论中国的现代性问题，“必须确立一个广阔的跨文化视界”和现代性问题意识。[②]

现代性作为与现代化共生的一个总体性概念，是包罗万象的，体现在社会生活的各个领域，见仁见智，不同的学者从不同的角度对现代性作了不同的阐释。法国诗人波德莱尔说，现代性就是过渡、短暂、偶然，就是艺术的一半，另一半是永恒或不变，这是从艺术或文化的角度的看法。卡林内斯库认为现代性有五幅面孔：现代主义、先锋派、颓废、媚俗艺术和后现代主义，从哲学上认为现代性是对立于传统、对立于资本主义文明、对立于它自身的三重危机辩证概念。英国社会学家霍尔认为，现代性涉及政治、经济、社会和文化现代性四个层面，是一个平行的、互相作用的复杂进程。西美尔从个体心理的现代体验来看待现代性问题，他从碎片化的现代生活中，看待了作为文化现象的“货币哲学”，也就是现代社会分工造成了普遍的文化困境，那就是现代人的生命和生活都成了碎片，作为现代生活的重要支撑物（货币）对人的内在世界，包括个体命运、个人生命情感和整个现代文化的关联的影

① 赵义良.中国式现代化与中国道路的现代性特征[J].中国社会科学，2023（3）.

② 周宪.许钧主编.现代性的碎片.现代性研究译丛总序[C].北京:商务印书馆，2003:02

响。在西美尔看来，现代社会的分工带来的最大影响是文化现代性困境，他认为“人比以往任何时候都更关注自己最深邃内在的层面”：

现代文化之流向两个截然相反的方向奔涌：一方面，通过在同样条件将最遥不可及的事物联系在一起，趋向于夷平、平均化，产生包容性越来越广泛的社会阶层。另一方面，却倾向于强调最具个体性的东西，趋向于人的独立性和他们发展的自主性。货币经济同时支撑两个不同的方向，它一方面使一种非常一般性的、到处都同等有效的利益媒介、联系媒介和理解手段成为可能，另一方面又能够为个性留有最大程度的余地，使个体化和自由成为可能。①

西美尔对文化现代性看法是透彻的，包含了后现代主义文化的内涵。他强调了文化现代性的偶然性、夷平化、包容性，人的独立性和个体性，媒介成为理解手段，成为人的延伸。也可以说，现代性一开始就是文化的现代性。吉登斯在《现代性的后果》一书中用“断裂”一词来界定现代性：“现代性以前所未有的方式，把我们抛离了所有类型的社会秩序的轨道，从而形成了其生活形态。在外延和内涵两方面，现代性卷入的变革比过往时代的绝大多数变迁特性都更加意义深远。在外延方面，它们确立了跨越全球的社会联系方式；在内涵方面，它们正在改变我们日常生活中最熟悉和最带个人色彩的领域。”②

在西方，从韦伯以来，文化现代性备受专注，并成为学者考察现代社会发展的一种反复被论述的思路。哈贝马斯认为，文化现代性被分裂为三个领域，“科学，道德和艺术”，并且现代性与艺术的发展直接相关，“文化现代性乃是摆脱宗教一形而上学世界观的统治，诸价值领域不断分化的产物。”③查尔斯·泰勒提出了现代性的三种隐忧：以自我为中心的个人主义，使得生活缺乏意义，更缺乏对他人和社会的关心；工具主义技术理性使得一切坚固的东西都烟消云散了；工业一技术社会的制度和结构对西方现代社会

① ［德］西美尔.金钱、性别、现代生活风格[C].刘小枫主编，上海：学林出版社，2000:06.

② ［英］吉登斯.现代性的后果[M].田禾译.南京：译林出版社，2000:04.

③ 周宪主编.文化现代性与美学问题[M].中国人民大学出版社，2005:03.

决策的严重影响。[①]

国内学者对文化现代性的概念也做了大量的研究。赵义良教授认为现代性的总体特征主要体现在三个方面：第一，“现代性”最早是对“资本主导”的现代化社会及其本质的反思与评价，从经济层面来说，“现代性最主要的特质即资本化和物化，它是物化的生产关系的全面形成”；第二，“现代性”代表一种全球性的变革趋势和发展动向，现代性具有普遍性，“现代社会的任何一个民族都不可能逃避现代性的影响，而是需要在现代性浪潮中自我发展。”第三，“现代性”是对现代社会之流变性、矛盾性的反映，现代性具有“流变性”。[②]学者王南湜认为，“现代世界的实践观念”与古代相比发生了很大的变化，这是现代性困境根由。[③]

于春玲等马克思主义学者关注马克思对现代性问题论述，值得注意。他们研究认为，马克思对现代性的问题的关注，主要借助现代资本主义大生产过程中的技术批判，“马克思思考和回答了技术的本质、技术的价值、技术的实践和技术的异化等问题，从宏观上分析了现代性的普遍性、困境及其暂时性、现代人的解放以及现代性的基本特征。”技术不仅仅在经济层面造成了现代性的普遍性困境，同时也是文化现代性的普遍困境的根源，在《资本论》中，马克思技术批判成为我们认识西方现代性问题重要的思想资源。[④]

现代性概念尽管有很多歧义，但仍然是我们考察工业化社会以来现代国家民族在实现现代化的过程中，在政治、经济、文化等领域产生的不同于传统农业社会的特征，特别是技术的进步，对人与自然、生产与消费、人的生活世界与精神世界的改变，城市的形成、网络与媒介及其对人的社会结构的重构等等，带给整个人类社会前所未有的挑战。考察现代性、文化现代性到大学生思想政治教育，就是从宏观到微观的聚焦过程，现代性的普遍困境是通过文化现代性体现出来的，本书的研究领域就涉及五个重要的关键词：技术文化、消费文化、媒介文化、传统文化。聚焦的是文化现代性，但研究的

① ［加］查尔斯·泰勒.现代性之隐忧[M].程炼译.中央编译出版社，2001:12.

② 赵义良.中国式现代化与中国道路的现代性特征[J].中国社会科学，2023（3）.

③ 王南湜.现代实践观念的起源与现代性困境[J].天津社会科学，2016（3）.

④ 于春玲等.马克思技术批判视野中现代性追问的逻辑进程[J].中国社会科学，2015（10）.

视角是中国绘画的“散点透视”。强调从文化现代性的宏大视野开始，把大学生思想政治教育的问题置于一个从技术到技术文化的背景之中，考察技术如何逐步成为人的内化、社会的技术化，生活世界的技术化、消费文化在青年大学生中的传播，媒介及其趋势对青年大学生的影响是深远的。问题的最后落脚到中华传统文化的创新实践，传统文化是青年大学生成才的沃土，大学生思想政治教育的根本是传统文化的创新实践。这种方法论意在突破单纯从文化属性来讨论大学生思想政治教育的局限性，把思想政治教育问题转变为文化现代性问题，立足于文化现代性的问题意识，将青年大学生的思想政治教育的难点和痛点延伸到工业文明以来的更为广阔的社会文化现象，使得研究具有坚实的基础，使得研究的每一个领域都与文化现代性密切相关，这就让我们的研究形成了一个复杂的网络，这也使我们认识到青年大学生的思想政治教育的复杂性，这种研究无疑具有很大的挑战性，也使得本书的写作持续了三年之久。

第三节　文化现代性的四个视野

事实上，技术及其技术文化语境，越来越深刻地影响 21 世纪人类的生产和生活，技术作为双刃剑，引起了思想家们的警惕。马尔库塞深刻地指出，随着技术化的展开，技术“便塑造了整个言论和行动、精神文化和物质文化的领域。以技术为中介，文化、政治和经济融合成一个无所不在的体系，这个体系吞没或抵制一切替代品。”[①]1974 年，让·拉特利尔在《科学和技术对文化的挑战》一书中指出，科学和技术对文化的影响包括“破坏效应”“归纳效应”“对伦理的影响”和“对美学的影响”。[②]波兹曼提出了“技术垄断”的概念，他认为，人类技术的发展经历了技术工具、技术运用和技术垄断三个阶段，人类文明也分为三种类型：工具运用文明、技术统治文明和技术垄断文明。波兹曼认为，技术和人的关系既友善又敌对，他更倾向于指出技术对文明的危害，他认为：在工具运用文明阶段，技术服务从属于社会和文化；在技术统治文明阶段，技术试图攻击和取代文明，但难以撼动传统文化建立起来的文化价值；在技术垄断文明阶段，信息泛滥成灾，技术至上的思潮无形中吞噬着传统世界观，从而实现技术对人类的统治。认为在技术垄断的时代，技术将人类变成“工具”，科学至上主义的思潮和现象给人类带来了危害，如技术垄断对文化和传统造成的损害，他列举了医疗技术、计算机技术、语言技术领域的垄断对当今社会的影响，以及我们如何应对技术垄断所带来的副作用。他认为，在技术垄断阶段，人类抵御信息泛滥的多重堤坝和闸口土崩瓦解，人类难以驾驭和把握世界，最终导致人类文明向“技术投降”，但他坚决反对文明向技术投降。[③]

本节的讨论选取了文化现代性的四个视野，技术化语境、媒介文化、消

① ［美］马尔库塞.单向度的人[M].张峰译.重庆：重庆出版社，1988:07.

② ［法］让·拉特利尔.科学和技术对文化的挑战[M].吕乃基等译.北京：商务印书馆，1997.

③ ［美］尼尔·波斯曼.技术垄断：文明向技术投降[M].何道宽译.北京：北京大学出版社，2007.

费文化、传统文化，这就从环境变迁的经历谈到了文化现代性的深度，从技术语境到文化转型，文化现代性既是讨论的疆界和范围，又是开辟的批判空间。

本书将在第二章开始详细讨论了技术及其技术化语境对青年大学生的影响。技术元素不仅是参与当代中国文化现代性建构的重要力量，更是考察当代青年大学生思想政治影响的宏大背景。本书将在第二章重点阐释了技术及其变迁带来的影响，特别是由技术文化扩展开来的人类知识和技艺，以及包含人类文化体验和感知自然与历史存在性的更深层次的情感世界的变迁路径入手，探讨现代计算机、互联网等技术力量在当代青年大学生思想政治文化中的作用。要对技术文化有一个全新的认识，悲观是无用的，因为技术文化的构成元素已经不再由传统意义上的习俗、宗教和生活方式决定，而是由科学技术的前沿进展所决定。从当代技术文化变迁的脉络入手，探索技术文化在当代中国，特别是改革开放以来中国现代化的影响。现代科技技术带给人类文化的影响远远不止一些早期学者发现的人的焦虑和痛苦，以及失去生活意义带来的更为刻骨铭心的精神病症，还有更为普遍的挥之不去的，延绵在现代人文化精神的世界性的现代主义和后现代主义文化浪潮。在此基础上，进一步探索了技术文化批判。科学技术在青年大学生的现实生活中发挥着越来越重要的作用，以至于他们的日常生活都大量依靠技术的支撑，人们的吃穿住行无不打上了技术的印痕，现代通信技术、媒介文化和交通的巨大进步，使得技术正在成为一种人类必须依靠的无形力量，“技术视野已成为人们审视万事万物的一种基本理念”，[①]技术及其不断创新成为这个时代的精神追求。当代大学生思想敏锐，最能感受科技创新带来变化，他们是移动通信和互联网主要的参与者和使用者，他们已经快速地融入并畅享着科技创新带来的技术化语境中。今天的大学生如果还不能熟练地使用计算机及其互联网，就不能有效地参与大学的学习和生活。抖音、微信、微信公众号、QQ、钉钉以及各种类型的APP，正在成为信息密集场和交流场，它们已经成为人们快捷获取信息和社会交流的必备通道，甚至是唯一通道。技术及其技术化语境对当

① 王伯鲁.技术化时代的文化重塑[M].北京：光明日报出版社，2014:04.

代大学生思想文化带来多方面的影响，一方面可以快速获得优质的学习资源，技术化语境解放了大学生的想象力，激发了他们探索科学文化的巨大潜力，学习的能力得以增强，思想文化的空间得到极大拓展和延伸；另一方面，技术化语境对人的思想文化形成了“破坏效应”和“归纳效应”，技术文化批判可以清楚认识到技术化语境对大学生思想文化的挑战。习近平新时代中国特色社会主义思想包含着丰富的科学技术发展战略思想，当代大学生要以习近平科学技术发展战略思想为指导，树立马克思主义的技术文化观，要正确认识科学技术的意义和价值。一方面要重视科学技术对于国家现代化的重要意义，也要看到技术带来的负面效应。科学技术的发展既给人类社会带来巨大的革命性变革，发挥着巨大的科技的力量，但同时也带来了工业污染，生态失衡，全球气候变化等影响人类生存的难题。

第三章讨论媒介文化及其传播对青年大学生的影响研究。这也是必须考察的重要文化现代性问题。21 世纪以来，媒介文化传播及其影响力日益剧增，无与伦比。对大众来讲，从日常起居，吃穿住行，到文化的获得与交流，都离不开媒介文化的影响；可以毫不夸张地说，媒介的每一次变革，都带来文化传播上的巨变，特别是 21 世纪的社会及其文化，被称为“媒介社会或媒介文化”，与媒介文化关联度极高的是现代性与后现代性的研究，特别是不同文化的交流碰撞，带给青年大学生的影响，不仅仅是心理的、价值观的，甚至是世界观和科学精神的改变。在传统媒介社会，大学生获取信息和知识的主要手段是纸质书籍、电视、广播等媒介。由于这些媒体信息的选择性很强，所以对于普通的大众来说，可选择的信息是有限的。但如今以移动通信端和互联网为主要媒介的电子媒介的出现及其飞速发展，使得“媒介即生活”成为现实，“媒介成为人的延伸”，青年大学生生活在由媒介及其传播构成的生活世界，特别是在今天的数字化时代，数字化媒介及其趋势对青年大学生的影响日渐深远。数字化媒介的兴起及其迅速发展，使得人的数字化生存成为现实。媒介化社会逐步形成，虚拟现实和人工智能延伸到人的日常生活，成为日常生活无法避免的存在。媒介化生存是当代青年大学生面临的最直接的现实文化境遇，现代社会的媒介已经不再是一种实现某种目的的现实工具，现代技术的发展使得“媒介越来越隐形化”，技术越来越成为人们的一种对立存在。不仅如此，数字化媒介不但参与了大学生的现实生活，还以前所未有的方式改造他们的感觉世界和理解世界的实践，从而改变他们的思维习惯。例如，今天的大学生深陷手机依赖，智能手机已经成为他们日常生活不可或缺的物质和精神基础，信息获取与传递，阅读，交流和娱乐，甚至基本的吃穿住行的方方面面，都无法离开智能手机的普遍实践。在整体意义上讲，传统意义上的人的本真状态被日益剥离，加入了非主体的经验和实践，同时，主体生活的环境被媒介不断地重新塑造，从报纸、电报、电视电影到网络，时空可以逆转，过去的生活可以清晰地被记录，被重新体验，人与环境的关系，不再是人与自然和谐共生的关系，网络，虚拟现实和人工智能的出现，成为最具代表性的生活体验和审美体验。有学者将其概括成传统文化“整一性破裂”：“思想脱魅”“文化转型”和“意识分裂”。大自然远去，技术物品取代原初的人类自然环境，“在批量制造的技术物品的世界中，人与自然的关系疏远了，因而人逐渐走出宇宙整一性的坚固观念，变成了无所傍依的‘孤独的个体’。”[①]传统意义上的自然世界的“真实”概念被颠覆，“幻像”“仿像”或者“拟像”的世界在大城市已经清晰可见，把这种技术大地化它是真实的，但又不是传统意义上的真实的世界。媒介不再是“人的延伸”，也不再被“理解”，而是不断地进入人自身，重新塑造人类的感觉器官和精神世界，媒介成为人的一部分。

青年大学生的“媒介化生存危机”引起了很多思想政治教育专家的警惕。即时方便的通信使得大学生的“人际关系冷漠”，低头族对手机的过度依赖，造成“独立人格的丧失”和思考能力的下降，大量不适当的报道，特别是自媒体视频泛滥，随意剪辑拼凑，虚假扭曲的报道，严重误导了青年大学生。近年来，由于抖音、微信视频号、百度视频等各种直播平台，各种涉及国际政治、经济、疫情防控、转基因食品、高新技术等虚假信息，被各种自媒体放大、扭曲，随意剪辑拼接，混淆视听，有些自媒体的科普知识，特别是疫情期间关于病毒的知识，既是片面的，也是错误的，在这个信息时代，人们很难分辨那些信息是真的那些信息是假的，很多不纯的动机引导青年大学生

① 冯黎明.技术文明语境中的现代主义艺术[M].北京：中国社会科学出版社，2003:173.

作出错误的选择和结论，给他们的人生和家庭造成很大的困扰，造成了极大的社会危害。

第四章讨论消费文化，或者说流行文化思潮。消费文化在全球的流行和泛滥也对青年大学生有着不可小觑的影响。消费文化是社会文化变迁的重要动力，不论是鲍德里亚、费瑟斯通还是詹明信、齐美尔等西方学者，他们关于消费文化的论述与西方后工业社会的来临及其后果有着直接的关系，他们都把消费文化与资本主义后工业化时代的社会生产力、经济和大众媒介、消费时尚与购物体验、现代媒体与消费商品等等联系在一起进行多维度的考察，传统社会意义上的审美体验和意义开始逐步消失，符号与商品、符号与物的形象、物的消费与社会心理，现实与物的影像界限的开始消解。消费社会中，人们感受到的是“物的产生”，不断增长和被消费掉的惊人现象，人们今天面对的“物”不再是“经久不衰”的，而是梦幻般的转瞬即逝的。简单总结起来就是，人们的生存环境不再是一种自然的环境，而是一种物的环境，不是永恒不变的，而是转瞬即逝的。在消费文化时代，人们的衣食住行和生产生活方式被改变，“现实”被不断地替代，特别是在现代大城市，人类自身的生存环境的改变被“梦幻般的影像世界”所替代，最终导致人们的世界观、价值观都发生改变，所以“我们自己”的消亡成为现代主义哲学和艺术表现最为深刻的主题。

作为今天西方文化中占支配地位的文化再生产模式，消费文化被作为西方先进的科学技术、先进的商业以及令人艳羡的西方生活方式的代表推销到世界各地。在全球化浪潮的推动下，即使我们今天置身于世界上最偏僻的角落，也能呼吸到它的气息，受到它的影响。有学者认为：消费文化远远超出“经济生活和经济活动的领域，同时具有普遍而广泛的意义。当代经济的全球化趋势，更使流行文化成为无所不在的政治经济文化力量。”[①]不仅如此，随着现代媒介和互联网等大众传播的广泛参与，消费文化成为人们现代性体验和文化变迁最直接的标识，渗透到日常生活的各个领域，改造和重塑着人类的生产和生活方式，并成为社会大众最直接的文化现代性实践。

① 高宣扬.流行文化社会学[M].北京：中国人民大学出版社，2015:02.

后现代理论家鲍曼认为，现代社会已经从一个“生产者社会”演变为“消费者社会”，现代社会已经成为一个消费社会，消费不再是满足个人生活必需，而是一种“消费欲望”，“人们认为只有通过消费，才能充分展现个性，人们在无止境的消费欲望中，寻求确定自我身份的体验和刺激”，“消费欲望”不但不能给人们带来安全和满足，而且是越来越大的“困惑与焦虑”，“传统的价值观和美德”也随之消失殆尽。[①]

对当代青年大学生加强中华传统文化教育是十分必要的，既是国家发展战略的需要，也是实现中华民族伟大复兴的必然要求。党的二十大报告提出要把“青年工作作为战略性工作”来抓，青年强则国家强，习近平总书记号召全党要做青年朋友的“知心人”、青年工作的“热心人”、青年群众的“引路人”。大学生正处于人生学习的黄金时期，人生观和世界观形成的关键时期，他们在获取现代科技知识的同时，还要扎根中华文化的沃土，离开中华传统文化的土壤，他们很容易在网络的世界里失去方向，很快在现实的环境中“躺平”“摆烂”，玩手机，打游戏正成为部分大学生的日常生活主要内容。特别是 21 世纪以来，随着新媒体和互联网的迅速发展，各种青年亚文化、后现代主义文化思潮，商业广告和消费文化思潮，影像文化与视觉快感等广泛流行于校园，以网络为主要内容的赛博空间和新媒体的使用、传播，青年大学生占有很大一部分比例，“技术决定着生活方式和人的活动世界”成为现实，[②]全球化思潮和网络虚拟空间的发展，导致他们对流行文化碎片化和多样化的崇拜，对各种混杂性生活方式的推崇，对虚拟空间各种亚文化的参与，在虚拟世界中寻找自尊和自我认同，“现实与虚拟空间的交织形成了当代青年文化的混杂性、流动性和松散性”，[③]使得他们可能失去理想和信念，失去对现实世界的判断力，失去对传统文化的认知和学习的能力。

第五章讨论中华传统文化，这是青年大学生守正创新，固本培元，自强不息和文化自觉的根源所在。中华传统文化所形成的自强不息、厚德载物、谦让宽容的文化精神和个性品质对于今天的大学生仍然是十分有益的，可以

① 穆宝清.后现代社会与消费主义[J].齐鲁学刊，2013（5）.

② ［德］彼得·科斯洛夫斯基.后现代文化[M].毛怡红等译.北京：中央编译出版社，1999:01.

③ 曾一果.媒介文化理论概论[M].北京：中国人民大学出版社，2015:229.

说，离开中华文化的沃土，我们将变成无根之木，无源之水。今天，大众文化无处不在，广告、影视、新媒体、短视频等，占据了青年大学生的很大一部分时间，部分大学生出现的行为失范和精神空虚，与他们长期脱离历史文化和现实文化的语境有很多的关系，他们面临学业、职业的压力，缺乏正常的人际交往，缺乏自信心和自强不息的精神，他们的焦虑、彷徨造成了心理的亚健康，各种压力导致他们以自我为中心，缺乏宽容谦逊的传统美德，从而适应社会环境的能力不强。他们在网络媒介中，进行着虚拟的自我认同，走出网络就显得无所适从，他们在人与自然、虚拟与现实中缺乏足够的判断力，“现代人面临现代世界文化的剧烈变化，人丧失了把握人与世界关系的整体意识，使得感受力限于迷乱。”①所以对当代大学生加强传统文化教育成为国家发展战略。青年大学生是国家未来的希望，是民族文化的主要传承者，是未来经济社会发展的生力军，要引领他们成长成才，必须立足文化的土壤，要从中华文化的原典入手，懂得传统文化天人合一、以人为本、改革创新、穷变通久的文化理念，要懂得中华文化的宇宙观、哲学观、人生观的基本内涵，这对于部分大学生走出困境是大有益处的。

传统文化融入大学生思想政治教育有五大创新实践路径：“三教改革”，打造传统文化金课；成果导向，夯实育人基础；网络育人，创新传播途径；文化普及，营造育人氛围；环境育人，挖掘历史价值。习近平总书记关于传统文化的重要论述是新时代大学生思想政治教育的指南，他在《在文化传承发展座谈会上的讲话》中指出“在五千多年中华文明深厚基础上开辟和发展中国特色社会主义”，“同中华优秀传统文化相结合”是必由之路。中国特色社会主义与中华优秀传统文化的结合，使得中华优秀传统文化成为现代的新文化，成为“中国式现代化的文化形态”，一方面，中国特色社会主义道路有自己深厚的文化土壤和文化根基，另一方面，中华优秀传统文化在新的时代重新焕发新的荣光，中国特色社会主义面向未来的理论和制度创新有更加广阔的文化空间和文化自信心，文化主体性更加巩固，“新时代中国特色社会主义思想就是这一文化主体性的最有力体现。”②习近平总书记深刻指出，

① 王岳川.后现代主义文化研究[M].北京：北京大学出版社，1992:127.

② 习近平.在文化传承发展座谈会上的讲话[J].求知，2023（9）.

延绵数千年的中华文化是我们文化自信的底气，文化自信必须立足中华民族历史实践与当代实践，要秉持开放包容的文化姿态和文化胸怀，迫切需要有融汇古今中西的文化成果，需要“新思路、新话语、新机制、新形式”“要把文化自信融入全民族的精神气质与文化品格中。”“不断培育和创造新时代中国特色社会主义文化”“赓续历史文脉、谱写当代华章”实现中华优秀传统文化的创造性转化和创新性发展。

第四节　文化自觉与当代青年大学生

考察文化现代性是一个复杂艰难的过程，重要的是要引导青年大学生正确认识科学的精神和价值，理解中国式现代化的意义，有学者指出：“现代化倾向本身就是人类传统文明的健康的继续和延伸，它一方面全力吸收了以往人类历史所创造的一切物质和精神财富，一方面又以传统所从来未曾有过的创造力和改造能力，把人类文明推向一个新的高峰。”[①]要引导青年大学生深刻理解技术文化、媒介文化、消费文化和传统文化与文化现代性的关联，懂得技术文化批判的意义，理解媒介文化对文化创新和对人的延伸的推动作用及我们的应对策略，明白消费文化已逐渐成为社会大众的生活方式，认识到传统文化强大的精神力量对青年大学生的引领作用。通过将中华优秀传统文化融入大学生思想政治教育实践，助力构建当代青年的精神家园，祛除技术依赖症和精神痛苦，满足青年大学生的精神需要和价值实践，从而在全面建设社会主义现代化国家和推进中华民族伟大复兴的新征程中，实现文化自觉。一方面要认识到文化现代性带来的西方文化浪潮的冲击，尤其是在技术文化及其后果，消费文化的流行性，媒介文化的社会化，后现代文化思潮等方面对传统文化的冲刷得太厉害了，这些对青年大学生思想政治的影响还未被思想文化界充分认识。借助费孝通先生“文化自觉”的概念：文化自觉“就是要对本民族文化有‘自知之明’，明白它的来历、形成的过程，所具有的

① 殷陆君编译.人的现代化[M].成都：四川人民出版社，1985:78.

特色和它的发展趋向。”[①]青年大学生在文化现代性的环境中成长，毫无疑问要与世界保持密切接触，在进行交流的过程中，要讲好中国故事，把中华优秀传统文化讲好，讲清楚，把中国式现代化的艰难历程弄清楚，要积极传播中华文化，让它为世界人民所了解，这是非常不容易的事情。大学生思想政治教育，要培养大学生的科学文化精神，要民族文化基础上拥抱科技，创新科技，要对文化转型过程中的现代性思潮有很好地认识，还需要培养更多的优秀大学生，来完成这个艰巨的任务。费孝通先生说：“当务之急是要在我们的知识界造成一种良好的风气”，“放眼世界”，要有文化自己，既要承认“中国文化里边有好东西”，利用现代科学技术语境我们的文化和历史，“努力创造现代的中华文化”，从而完成“文化自觉”的历史使命。[②]

① 费孝通.我为什么主张文化自觉[J].冶金政工研究，2003（12）.

② 费孝通.我为什么主张文化自觉[J].冶金政工研究，2003（12）.

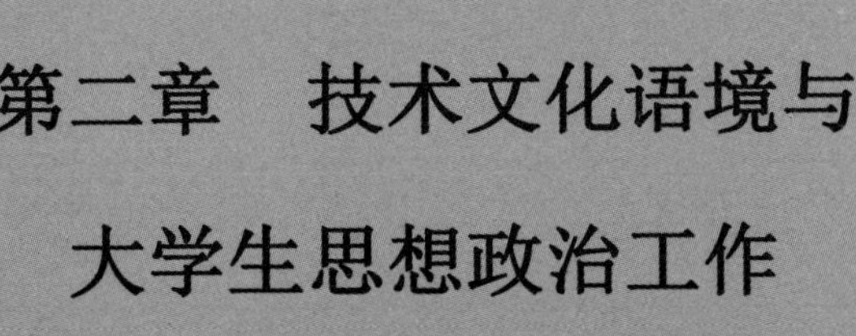

第二章　技术文化语境与大学生思想政治工作

第一节　什么是技术文化

一、技术文化的内涵

技术文化（technological literacy）也被称为科学文化，一般来说，包含两个方面的内涵，技术的文化化和文化的技术化，特别是现代科学技术对自然世界的面貌和人类精神世界的深刻改变，人类在技术运用上取得的巨大成就，超出了技术本身的范畴，使得技术成为影响人类未来文化世界的变革性力量，同时技术作为社会生产力和社会文明不断向前的重要手段、参与要素和重要的组成部分，技术所提供的思维方式、理性精神和文化价值的无限可能性，使得包括文化、思想、传统社会关系、生存价值与生命意义与传统意义上的比较起来，有着很大的不同，这就是今天不得不关注技术及其技术文化的原因。

想要弄清楚技术文化的内涵，并不是一件容易的事情。本书将从已有的研究成果出发，来揭示它复杂丰富的内涵。如果从“技术”的角度来考察人类文化，就会发现人类的社会文化发展史就是一部技术文化的历史，牛津大学出版社出版了《技术史》（7 卷），在最宽泛的意义上概括了人类文明开端到 20 世纪中叶的整个人类技术史，既侧重对不同历史时期技术自身的发展的梳理，更注重技术发展过程中与当时的经济、政治和社会文化因素的相互影响。特别是 20 世纪下半叶开始的以计算机信息技术、生物技术、航天空间技术等为标志的新技术革命，对人类文明进程产生了深远的影响，使得各国政府和社会大众不再怀疑科技对人类物质世界和精神世界潜在的和事实上的重要性，同时，很多学者更加强调技术与社会经济文化的相互影响：“由于经济、社会、政治等因素对于技术发展显而易见的影响，使得人们对这些方面的兴趣日益增长，这一点不容忽视。这些问题都很复杂，且彼此相互影响，但它们是人们普遍关注和争论的题材。要把这些题材向一般读者解释清楚并不容易，但是这属于另一种类型的困难，比起叙述纯科学问题方面的困难要容易得多。”[①]近年来，技术及其文化后果，得到了经济、文化和哲学界的持续关注，技术哲学的研究尤为活跃，涉及的范围和问题也越来越复杂，如近代科学技术的发展对人类自然观的颠覆和新探索，对自然物质的构成论与生成论、自然物质世界的稳定性和非线性熵热力的认识，大大改变了人类对自然世界已有的认知。特别是现代科学技术的迅猛发展，导致的环境污染、生态失衡等诸多危害人类生命健康的大问题，正如卢梭所说的，技术文明给人类带来了灾难，所以技术及其文化后果还涉及技术文化与环境伦理的关系。不仅如此，技术及其文化还与人类的可持续发展、科技与社会伦理道德重建、科技进步与人文精神重建、科学主义与人文主义的整合等等，技术及其文化带来的后果已经被很多学者所讨论和关注。

有学者认为，技术文化是在科学的基础上形成的，科学与技术有区别也有联系，但这不是本章讨论的重点，科学和技术常常纠缠在一起，要把它们彻底分开是不可能的，二者的区别仅仅在于侧重点不同，但本质上是一致的。早在 1627 年英国科学家培根在《新大西岛》一书中就把科学技术作为一种文化的观念形态加以实验。18 世纪的法国启蒙思想家卢梭可能是最早对科学技术文化的社会观念展开批判的思想家，他在《论科学与艺术》中直言：“科学与艺术的复兴是否有助于敦化风俗呢？还是伤风败俗呢？”他的答案是否定的，卢梭提出了返归自然的启蒙思想，风靡了一个时代，影响了深远，意义非凡。科学史家乔治・萨顿在《科学的生命》一书中，充分肯定科学技术的价值，他认为科学技术的历史是人类文明的重要组成部分，他还告诫人们，对社会文明历史的认识再也不能对科学技术一无所知了，一项科技的发现可以使一个国家或社会得以根本改变，例如一项地质发现，可以使一个国家从农业国变成工业国，一项化学的发现也可以根本改变一个国家的面貌：“技术发明恰恰更是每天由工业的需要所决定。工厂主可以非常明确地对发明家说：‘这项发明正是改进产品所需要的东西。’另外，每项工业发明都引起一系列其他发明，第一项发明使后来这

---

① ［英］特雷弗・I・威廉斯主编. 技术史第 6 卷[M].姜振寰等译.上海科技教育出版社，2004：01.

些发明成为必需的，但在以前它们是不能实现的，甚至是不可想象的。”[①]这就是科学技术的发现对人类社会生活的最为现实的推动，甚至是难以想象的推动，萨顿认为：“科学思想在空间和时间上的发展，说明科学的理论和新的分支的逐渐完善，也就是整个科学大树的生长发育，它日渐增加的复杂与华美。这在技术方面是一目了然的，其纯粹的人性方面就不然了，但后者并非不重要。这种发展是人类历史的一个部分，不是可有可无而是根本的部分，它使我们有机会得以说明人类固有的伟大和善良，说明人类是怎样逐渐发展和揭示自己身上最美好的东西的。”[②]这是对科学技术文化的充分肯定，把科学技术及其文化看成人类历史的一个部分，而且是根本的部分。英国科学家贝尔纳在其系列著述如《十九世纪的科学与工业》《历史上的科学》《科学的社会功能》中，把科学与手工业、科学与贸易、科学与教育、科学与帝国的扩张，甚至科学与战争等之间的关系，也就是科学技术的社会功能作了全面的考察，他认为科学技术已经成为整个社会文化的一个组成部分了，只有这样来看待科学技术才能真正懂得它的文化价值和科学技术的本质，才能促进科学技术文化的健康发展。

不仅自然科学家如此看待科学技术及其文化内涵，人文科学家也对技术文化有过精彩的讨论。卡西尔在《人论》中考察了人类文化的所有类型——神话与宗教，语言，艺术，历史和科学，他认为人类文化的历史就是不断寻求自我解放的历史，而“科学是人的智力发展中的最后一步，并且可以被看作是人类文化最高最独特的成就。”[③]卡西尔认为，人类文化起源于一种“远为错综复杂的心智状态”，科学技术通过引入“一种新的尺度，一种不同的逻辑的真理标准”超越了神话阶段，科学给人类文化努力提供的是一种“综合观”，一种“新的秩序原则”和“新的理智解释形式。”[④]20世纪70年代，美国学者李克特直接提出了“科学是一种文化过程”，他认为科学是个体认知发展在文化上的对应物，科学是传统文化知识的一种生长物，科学是人类

① ［美］乔治・萨顿.科学的生命[M].刘珺珺译.北京：商务印书馆，1987:33.
② ［美］乔治・萨顿.科学的生命[M].刘珺珺译.北京：商务印书馆，1987:151.
③ ［德］卡西尔.人论[M].甘阳译.上海：上海译文出版社，1985:263.
④ ［德］卡西尔.人论[M].甘阳译.上海：上海译文出版社，1985:265.

文化发展的一种认知形式："科学已经成为一种特殊化的文化现象。因为它是文化的，所以它能够合成和积累在很长的时期中众多的个体的相关成果，这样，参与者们就能够吸取他们的同事们和前辈们所做出的发现和思想。因为它是特殊化的，所以它能够自由地走在作为一个整体的社会中的文化的前面。"[①]技术文化作为20世纪最为特殊的人类文化发展的认知形式，早已经受到各门学科的前沿学者的关注。这与20世纪下半叶的新技术革命的浪潮席卷全球的经济社会生活，技术不仅是一种手段，还根本上成为国家发展的战略，对各个领域发生了重大影响和挑战，技术创新、技术伦理、人与自然的关系、生态哲学、技术与社会的生产生活方式等全部生活，都受到技术的支配性影响，各门学科迫切在各自的理论上做出回应，发出了对技术及其本质的追问，值得一提的是海德格尔的《技术的追问》，他认为技术不仅仅是一种手段，而是一种存在的解蔽方式，技术的本质不是任何技术因素，而是对"技术的根本性沉思和对技术的决定性解析必须在某个领域里进行"，这个领域就是艺术，也是真理的领域。[②]简单地说，技术就是文化展现的过程和结果。海德格尔对技术追问的思想很复杂也很晦涩难懂，德国学者冈特·绍伊博尔德在《海德格尔分析新时代的技术》一书做了解析，他认为海德格尔的新时代的技术并非目的的单纯的手段，而是世界和事物的构造：展现、解蔽作为未隐蔽状态的真理而存在，"事物和世界在其自由的展现中"，[③]新时代的技术包含在总的文化之中。

技术文化的难以界定，还有一个重要的因素，技术及其文化后果引起了学术界对技术的警惕和批判。技术与文化是如何相互作用的？一个民族和国家几千年形成的文化还能在技术深刻变革的时代能继续传承和维持下去吗？技术和文化是逐渐分化还是形成新的文化形式？这些问题开始引起了学术界的讨论。早在1974年联合国教科文组织在法国举办的"科学·伦理学·美学"专题讨论会，就技术与文化的关系问题展开讨论，法国哲学家让·拉特利尔

① 李克特.科学是一种文化过程[M].北京：生活·读书·新知三联书店，1989:59.
② ［德］海德格尔.演讲与论文集[C].孙周兴译.北京：生活·读书·新知三联书店，2005:3-37.
③ ［德］冈特·绍伊博尔德.海德格尔分析新时代的技术[M].宋祖良译.北京：中国社会科学出版社，1993:14.

在会上提交了《科学和技术对文化的挑战》，对科学和技术对文化影响的机制、破坏的效应、归纳的效应、对伦理学和美学的影响提出了自己的意见和建议并作出了尝试性评价："科学的发展不仅深刻地改变了文化的内容（引入新的知识要素及新的实践），而且改变了文化的基础。"[①]从今天的大数据和人工智能的发展来看，不仅仅是单纯地改变文化的内容与基础，更重要的是改变了文化的秩序和目的，改变自然万物本身的确定性原则，从而颠覆我们的知识结构和认知方式。拉特利尔认为："确定无疑的是，科学以及与之相联系的技术，逐步对构成文化的一切方面产生了决定性的影响，广义地说，即是影响到所有在一个历史共同体的生活中，打上自己特殊印记的诸方面。一个共同体的文化可认为是它的表达系统、规范系统，表现系统和行为系统的总和。"[②]这些系统包括人类借以解释自身及其文化环境和要素的概念系统和符号系统，以及由此扩展开来的人类知识和技艺，同时还包含对人类文化体验和感知自然与历史存在性的更深层次的情感世界，拉特利尔对科学技术对文化的挑战着眼于当时出现科技曙光而作出的阐释足以激动人心，他认为，在现代社会生活中，科学与技术占有"占据着举足轻重的地位"，特别是它们对社会文化的影响，正如我们切身体会的那样，"对文化的影响直至其起决定作用的核心深处"，科学和技术带来的新的价值观念并成为"具有最为广泛的历史性目标"，甚至具有"最高的伦理性质的客观可能性"。应该看到的问题不是科学和技术对文化的影响有多大，而是文化如何适应科学和技术，而不走入迷津，文化如何满足社会价值根基的需要。所以，必须从文化的角度，全面、完整地认识科学和技术。

这里我们面对两类问题，一方面必须考虑在何种条件下科学和技术可被结合于文化之中而又不损害文化的内在和谐，另一方面我们必须审视在当代世界以科学、技术及其伴随的经济和政治现象（合理化、集中化、计划化、官僚主义和赋予越来越作全盘考虑的项目或设计以压倒一切的重要性）为缩影的环境中一种文化的统一性究竟意味着什么。

① ［法］让·拉特利尔.科学和技术对文化的挑战[M].吕乃基等译，商务印书馆，1997:03.
② ［法］让·拉特利尔.科学和技术对文化的挑战[M].吕乃基等译，商务印书馆，1997:04.

——让·拉特利尔《科学和技术对文化的挑战》[①]

芒福德在1971年发表了《机器神话：科技进步与人文进步》文集，他从人类起源的"制造工具和使用工具"开始，回顾漫长的人类科技进步与文化进步的发展历程，他认为，人类从制造工具和使用工具的原始技术之始，人类的文化或文明是随技术发展而发展的，同时被技术发展所塑造而走向成熟的形式，然后产生裂变、分化甚至异化最显著的变化是近代以来，技术发展对人类传统文化（文化人类学意义上的）带来的巨大分裂感和祸患，巨型机器的刚性统治，技术的目标价值和人文价值被遮盖了。

二、技术文化批判

当今世界，对技术及其文化后果的批判不绝于耳，国内很多学者从马克思的《1844年手稿》中看到了机器生产对人的尊严和自由的剥夺，人成了机器生产活动的一部分，完整的真正的人的活动被机器所愚钝和痴呆化，并成为自然界的奴隶，因为劳动者生产所得越多，他本身的消费越少，劳动产品越是完美，人越是畸形，在机器大生产时代，生产过程和生产关系完全被异化。马尔库塞更是在《单向度的人》直言现代资本主义机器化大生产中技术对人的"技术统治的合理性"，在资本主义的时代，大众的精神世界充斥着虚假的幸福感，技术具有法力无边的统治术，人成了"单面人"。最为剧烈的技术批判可能是尼尔·波斯曼，他在《技术垄断：文明向技术投降》一书中，系统讲解了技术带来的垄断对人类社会的文化、宗教、传统和心理造成的影响和破坏，深刻地指出了技术的发展不受控制所带来的恶果：技术所创造的文化缺乏道德根基，它破坏了某些心理过程和社会关系，破坏了人类生存的价值所在。他认为，人类技术的发展可分为三个阶段：工具运用、技术统治和技术垄断三个阶段：在工具使用文化阶段，技术服务、从属于社会和文化；在技术统治文化阶段，技术向文化发起攻击，并试图取而代之，但难以撼动文化；在技术垄断文化阶段，技术使信息泛滥成灾，使传统世界观消失得无影无踪。与此相适应，人类文明大约也分为相应的三种类型：工具文

① ［法］让·拉特利尔.科学和技术对文化的挑战[M].吕乃基等译，商务印书馆，1997:145.

明、技术文明和技术垄断文明。波兹曼认为，技术与人的关系充满辩证法，既是敌人也可以是朋友，但他更注重技术的负面影响，更注重技术对人类文明的伤害。在工具文明时代，技术服从和服务拥护人类社会和文化，在技术文化时代，技术对人类文明处处充满敌意和攻击，技术试图冲击人类文明的根基，“但难以撼动”。在技术垄断时期，随着互联网等现代技术在人类社会和文化中的广泛使用，信息社会到来，信息开始泛滥成灾，技术至上，人类对技术的依赖程度和交往世界的逐步形成，颠覆了人类文明的传统世界及其世界观，世界变得深不可测，难以驾驭和把握，技术对文化和文明的蚕食触目惊心，文化及其核心价值被技术垄断，他呼吁人们拼死抵抗技术垄断，并坚决反对文化向技术投降。

与之相反，越来越多的学者直面技术文化及其后果，对技术带来的文化变革持欢迎的态度，这也是我们的态度。首先，我们认为一个时代文化的发展离不开物质基础，而技术为物质世界的繁荣和文化的传播提供了强大的动力，人类文化的辉煌成就，与技术发展是不可分离的，这是基本的事实，人类科技史的研究无一不涉及技术及其文化后果，人类文化的研究如今也不能避开技术文化的影响，现代社会又被称为消费社会、信息社会、科技社会、媒介社会、数字社会等等，与之相适应的都市文化、媒介文化、网络文化、汽车文化、移动数字文化、电视电影文化、报纸广告文化等等，文化早已突破了传统意义上的文化的范畴，吸收了工业化时代的技术文化元素，人成为“媒介的延伸”。[①]其次，从文化人类学的起源上看，没有得到技术支持的文化，都烟消云散了，远古文化的不可追溯，最重要的原因是人类没有掌握记录文化的技术手段，利奥塔就明确地指出：“即使在远古也只有得到技术支持的文化才能被称为文化。因为文化是离不开传承的（无论是由传统、由学校还是由媒体进行），而传承是必需记录的。一个事物是文化的，因为它是被展现的，即是说被记录或‘写下的’。”[②]可以毫不夸张地说，人类文化的全部成就都凝聚了技术的参与，都可以被称为技术文化，更不必说在全球化时代的今天，文化的生产和产业化都更加依赖技术的支持。技术文化越来越

① ［加］马歇尔·麦克卢汉.理解媒介：论人的延伸[M].何道宽译.北京：商务印书馆.

② ［法］利奥塔.非人：时间漫谈[M].罗国祥译.北京：商务印书馆，2001:162.

显示出强大的生命力，每一次技术革新都带来了文化的深刻改变，技术文化成为当今世界的主流文化，哈贝马斯就尖锐地批评技术悲观主义，他认为，技术在改造物质世界和人的精神世界中发挥着重要的人的解放性力量，具有重要的文化价值，人类在使用技术中出现的问题不是技术本身的问题，与技术无关。再次，必须对技术文化有一个全新的认识，悲观是无用的，技术文化的构成元素已经不再由传统意义上的习俗、宗教和生活方式决定，而是由科学技术的前沿进展所决定。有学者研究认为，“技术日益通过机器渗入日常生活，干预并改变人们与自然、社会及其他事物之间的关系”，[①]从而形成技术文化。根据大多数学者的意见，技术文化是指技术日益渗透到经济生活的各个领域，技术主导文化，形成技术文化的交际环境和网络虚拟世界，正如有学者指出的：“技术与文化有着多重的关系，比如它本身就是文化的重要组成部分，而且是物质文化或‘器物’文化的核心标志，甚至它本身就是文化的一个基本类别。”[②]从器物制造史观察技术文化是最有说服力的，每一个国家的技术产品都是该国文化的产物，带有强烈的民族文化印记，中国古代的钟鼎文化、玉器文化、三星堆文化、铁器文化、铜器文化、现代的计算机网络文化、媒介文化、汽车文化、美食文化等等，都是人类掌握技术而展现出来的技术文化。到今天，以计算机通信技术为代表的技术文化时代，技术在文化系统中占据着主导位置并使文化系统不断发生改变。一般来说，学者都从技术器物化、技术制度化和技术观念化三个层面来界定技术文化的内涵。

国内学者张明国的技术文化研究值得注意。他与陈凡合著的《解析技术：技术－社会－文化的互动》是目前技术文化研究集大成者，对技术的本质，技术的内涵和外延，技术对社会的影响与整合，技术与文化的普遍性和特殊性关系，技术创新与文化创新，技术发明与文化繁荣，技术转移与文化摩擦等技术文化的前沿问题进行了梳理，他认为，“技术－文化”是一种崭新的系统：

本书认为，“技术—文化”系统是一个耗散结构系统。这是因为该系统

① 颜岩.技术政治与技术文化[J].哲学动态，2008（8）.

② 肖峰.论技术的文化形成[J].武汉理工大学学报，2003（2）.

符合耗散结构系统所要求的4项条件，即：①系统必须是开放系统，即与外界环境有不断的物质、能量（对文化系统来说，它还要有信息）的交换；②系统必须处于远离平衡态；③系统内部诸要素之间的作用必须是非线性相互作用；④系统在一定条件下可以通过“涨落”达到有序。

从近代到现代，经过几次重大技术发明及其所爆发的几次技术革命和工业革命，促使人们的精神文化从以人伦为本转变到以知识为本，从民本意识转变到民主意识，从重视功名主义转变重视功利主义，从重视群体价值转变为重视个人价值，完成了近乎全方位的精神文化的变革。在当代，技术发明成果和使用所产生的负面效益，如全球性环境危机、人口、能源危机等，又促使人们的价值观念发生新的变革，从而形成或建立一种更高文化意义上的可持续发展的价值体系和文化观念。

——陈凡、张明国《解析技术》[①]

从上面的论述可以得出结论，技术文化是现代科学技术在文化领域日益凸显其锋芒性的结果，它其实早就存在于人类的文化系统中，早期的技术融合在器物、技艺、方法和知识的茫茫文化视野中，人们没有特别强调技术的因素，但到了科学技术日新月异的今天，技术的主导性地位日益突出，对文化的影响也更加直接，甚至造成了人与自然的分离，造成了人的异化。但我们也要清楚地看到，技术与文化在起源和发展、演化的过程中本是一体化的，不能把二者全然的分开对立，要对技术文化有一个历史的、全面的认识。

① 陈凡.张明国.解析技术[M].福州：福建人民出版社，2002：136.

第二节　现代科学技术发展概况及其文化影响

进入20世纪，毫不夸张地说，人类进入了科技文明的时代，科学技术以前所未有的激进锋芒把人类现代文化迅速划分为两种不同类型：现代主义文化和后现代文化。如果说近代以来的技术革命及其文化后果，还在人们的承受和可见的状态下存在，也就是说，现代主义时期的技术文化，虽然已经显示出它强有力的异化特征，技术革命对自然世界的改造和塑造，人类已有的文化模式和文化形态，还可以对此作出回应、反思和批判，人类的知识形态和精神世界还可以俯瞰和触摸到它可能带来的深邃和体验的惊异，现代主义时代技术对人类文化的冲击，人类还可以找到与传统文化交流的深度模式。20世纪晚期以来的技术革命，已经彻底摧毁了人们“返乡”之路，移动通信技术和信息技术的高速公路，为人们搭建了数不清的快捷路径，直入无边的太空深海，碎片无深度、铺天盖地的信息在虚拟的网络世界里充满喧哗和骚动，现代人来不及迎接技术革命的曙光，就已经深陷其中，难以自拔，批评失去了声音，思想失去了深度，后现代技术文化带给人类无限的可能的同时，也带来了现有文化无法阐释的难度。

一、现代科学技术发展概况

英国的亚·沃尔夫在《十六、十七世纪的科学、技术和哲学史》一书中把近代以来的科技革命做了一个科学史的片段梳理，哥白尼的《天体运行论》拉开了近代科学革命的序幕，其后的伽利略、托普勒为代表的科学家的科学实验为科技革命推波助澜，落体定律，摆的振动，碰撞动力学，气体力学，声学，显微镜，望远镜，温度计，各种航海仪器，牛顿万有引力的发现，力学，热学，光学，磁学，气象学，化学，地质学，生物学，医学等等，引发了第一次工业革命，英国资本主义在采矿、航海、军备发展上的迫切需要，机器的发明和使用成为第一次工业革命的标志。内燃机和蒸汽机的发明，机器生产代替了手工劳动，极大地提高了生产效率，机械化的工厂代替了手工作坊，人类在矿产开采，纺织，航海等领域取得了巨大的进步，人类征服自然、利用自然和改造自然的能力大幅度提升，火车的开行，轮船的行驶，从农业到工业，从矿山到河流，与过去的一切时代相比，马克思说，仿佛一切像是从地底下冒出来的一样，技术革命的洪流不可阻挡。第一次工业革命最为直接的现实是人类开始由农业社会逐步向工业社会转变，传统的手工作坊开始向大规模的现代化工厂迈进，农业文明开始过渡到工业文明，传统乡村文化开始转向以城市为中心的都市文化。

第二次技术革命，早期特别值得一提的是道尔顿的原子理论，达尔文的进化论思想、麦克斯韦的电磁场理论。道尔顿的原子理论被恩格斯称赞为开辟了“化学中的新时代”。达尔文的《物种起源》中的进化论思想，不仅引发了自然研究的重大革命：“《物种起源》的出版，不仅对生物学产生了重大而深远的影响，而且影响到化学、天文学、语言学、人类学以及社会哲学和伦理学，同时也沉重打击了根深蒂固的神创论和目的论，因而是一场不折不扣的科学革命。”[①]麦克斯韦的电磁场理论成为爱因斯坦狭义相对论的滥觞，爱因斯坦对麦克斯韦的电磁场理论评价很高，称它是物理学自牛顿以来的最深刻的变革。除此之外，其他重大发现还有如生物细胞学说，热力学，基因医学，许多重大发现（如电化学和有机化学细胞学说、基因学说、光的波动学说等等），科技革命开始在众多实验科学领域取得实质性进展。但真正给社会经济生活带来本质性革命的是电力的广泛运用。以内燃机车的发明为代表的技术革命，使得汽车、轮船和飞机、电灯、电话、电车成为那个时代的标志。电力在社会生活的广泛应用，使得资本主义的生产力再次得到解放，大规模的工业生产成为可能，资本主义开启了全球化的工业时代，从而使这次技术革命的内容从电力工业、石油工业、汽车工业延伸到全球性的生产关系和物质文化生活方式的深刻改变。

第三次技术革命起源于二战之后的美国，后来迅速在日本、欧洲等地兴起，它是人类文明进程中重大的科技革命的里程碑，是继蒸汽动力和电力革

① 李醒民.科学的革命[M].北京：中国青年出版社，1989:27.

命之后的又一次推动人类物质生产，改变人类生产生活方式，涉及诸如信息技术传播、航空航天空间技术，新兴能源利用技术，生物和新兴材料技术等众多科技领域的一场科学技术革命，特别是以计算机为基础的发明与技术创新，全面深入到经济社会、文化发展的各个方面，引发了全球经济社会的高速发展。第三次技术革命从早期的物理学革命，如爱因斯坦的相对论和康普顿量子理论革命开始向物理学的其他领域和学科分支渗透，如化学，生物学和粒子物理学和核物理学等领域发生了学科变革和技术革命，生物学方面，细胞遗传学在现代生物学的发展中发挥着重大的影响。第三次技术革命给人类社会及其未来带来了不可穷尽的想象力和不可确定性，互联网及其虚拟世界成为人们交往的主要手段和场所，计算机及其信息革命带来了不仅仅是通信领域的变革，更是对传统社会结构及其文化造成了不可逆转的影响，交通和通信的变革，把地球变成了“地球村”，时空的改变也改变了人类的心理世界及其文化世界，可以说第三次技术革命是在第一次工业革命和第二次工业革命之后，对人类的思维方式与生活方式、生产力和生产关系、传统文化和现代文化、不同民族国家的全球化进程都产生了极为深远的影响。有学者认为，第三次技术革命在文化上的影响标志是从现代主义到后现代文化。在人类的表达系统、价值系统、技能系统和文化系统，一种真正意义上的科学的世界观已经开始形成。让·拉特利尔指出：“现代技术导致一种立场和观点，这与那和传统‘技能’相一致的立场与观点截然不同，其中特别是新的立场，由不同科学知识的密切关系以及高度的理性特征而日益清楚地显示出来。这随之又造成对‘技能’领域的冲击，以及尔后对文化中其他方面的影响。于是技术的影响与科学的影响就结合起来，在整个文化领域造成剧烈变动。”[①]这种激烈的变动，可能带来“破坏的效应”：科技革命“它为人类环境提供了无数物品与人造产品，这些东西在人与自然之间，甚至在某种意义上在人与人的本性之间形成一道越来越大的屏幕。例如，现代医学与药学将人工作用引进人体机能。从而实际上以某种方式改变了人与其生物本性之间的关系，因为这样一来，可以更有效地进行控制，同时又补充了一种由人与

① ［法］让·拉特利尔.科学和技术对文化的挑战[M].吕乃基等译，商务印书馆，1997:61.

其身体之间的抽象过程形成的循环，然而最重要的既不是这种量的方面，也不是这种产生异化的效应，而是新环境的质的模式。”[①]让·拉特利尔可能是较早看到技术革命带来的这种破坏的效应的，这种“新环境的质的模式”包括新的工业产品市场的建立，世界经济不平等加剧，线性时间观代替循环时间观，时空观的改变深刻地影响了人类寻求生命意义的阐释变得不可能了，这就是让·拉特利尔说的科学技术革命对传统文化的“根除”，它根除了人类在地球上得以生存的意义庇护所：“因此，文化的破坏并不仅仅是从实践和理论上对传统、传统的权威和保证，对体现这一传统的各种语言形式的失效提出挑战，也不仅仅是对继承下来的规范以及所有信念和全部价值从根本上日益相对化提出系统的质疑，为深刻文化的破坏具有更为深刻的意义，它动摇了迄今为止人类成功地形成自身存在的基础。破坏了人类与其环境即宇宙中诸多因素之间，人类的历史和人类的内部世界（如表现为感情生活，从本能产生的想象与所有表达）之间某种已经建立起来的即使不那么完善的和谐。于是开始了一种存在模式，在这一存在中。每一事物既无处不在，同时又不在任何一处。”[②]

第四次技术革命正在逐步形成中，渐入端倪。主要源于第三次技术革命的纵深发展和广阔运用带来的新兴技术和新兴材料的广泛运用，如人工智能在各个新兴工业领域的广泛使用，使得人类的未来展现出不可预估的图景，如以脑科学前沿研究的神经医学与人工智能的联姻，会极大的改变人类自身的演变历程，人工智能在智能汽车、智慧城市、智能医学、教育与金融、健康产业、智能农业、自动化精密生产以及商业模式和就业机会等各行各业的运用，将对人类的经济文化生活产生不可估量的影响。按照很多学者的估算，没有哪一次技术革命能够比得上第四次技术革命带来的人类前途和命运的改变。人类利用现代科学技术将重新认识眼前的世界以及浩瀚的宇宙和海洋，人类对生物基因的认识将让人们全新认识生命的基本构造和性能；永不停息

① ［法］让·拉特利尔.科学和技术对文化的挑战[M].吕乃基等译，北京：商务印书馆，1997:72.

② ［法］让·拉特利尔.科学和技术对文化的挑战[M].吕乃基等译，北京：商务印书馆，1997:79.

的太空探索，对理解宇宙起源和人类未来有着重大的现实意义；分子过程，量子通信技术、生物技术和新兴清洁可持续的能源动力为突破口的技术革命也迈出了诸多坚实的步伐；第五代通信技术，即简称的5G技术，也开始在城市和乡村普及，引发的不仅仅是一场通信技术的革命，还会带来生活世界和文化世界的虚拟现实世界的出现，从而引发千亿级的市场变革。正如英国学者吉登斯所说："我们有更充分更客观的理由认为，我们正在经历一个历史变迁的重要时期。而且，这些对我们产生影响的变迁并不局限于世界的某个地区，而是几乎延伸到了世界的每一个角落。今天，我们在这个世界中找到了我们自己。然而，这个世界看起来或感觉起来并不像他们预测的那样。它并没有越来越受到我们的控制，而似乎是不受我们的控制，成了一个失控的世界。而且，有些被认为是将使我们的生活更加确定和可预测的影响，如科学和技术的进步，却经常带来完全相反的结果。"①

二、现代科学技术对人类文化世界的影响

现代科学技术对人类文化世界的影响，很早就被学者所关注和讨论。北京三联书店早在1990年就出版了一套"德国文化丛书"，选取了当时工业化高度发达的德国，探讨现代科学技术对社会文化的冲击，引发了德国学者的重重忧虑。如其中《人·科学·技术》《人与自然》《现代人的焦虑与痛苦》《什么是教育》《活出意义来》《向死而生》《无意义生活之痛苦：当今心理治疗法》《什么是爱》，从这些选题可以看到科学技术带给当时的德国更多不是快乐和幸福的文化感受，在《人·科学·技术》中，学者们更多地把注意力投向了当时科技革命的最前沿，如化学、生物与医药的发展急需要深入的研究，人的生命的演化不是一种化学作用，太阳能与未来能源，信息服务业，现代科学的发展与社会需求，未来都市与社会，器官移植的社会文化后果。科学技术发展的速度远远超过了人们的反应速度，科技的发展不符合人类社会发展的需求，学者们认为，人文科学与自然科技的整体融合应该成为刻不容缓的时代课题，科学技术的发展应该配合人类发展的所需求的价值

① ［英］吉登斯. 失控的世界[M].周红云译.南昌：江西人民出版社，2001:02-03.

体系，要消除科学技术革命带给人们的威胁感就必须树立一种新的文化价值观。孙志文在《现代人的焦虑与痛苦》一书中，把迄今为止的人类文化的时代划分为原始生活时代、农业时代和工业时代。其中工业时代最为成功的三件大事：新能源的成功、新的运输工具的出现、新的传播工具的出现与普及，科学技术在这三大领域的巨大成功，使得现代的社会文化生活依赖科学技术的程度难以令人置信。在工业化时代，欧洲人面临着“三重隔离”：与自然的隔离、与社会的隔离和与上帝的隔离。科技时代的欧洲人，不再从自然获得启示和智慧，只能“和自己的产品做无意义的独白”：“在大都市生活的人几乎完全被各式各样的产品和现代生活的紧张包围，都市的生活形态纯粹就是人的发明，并开始按照自己的经验判断一切事物，就有人创造了一个新词——柏油文化。”[①]三重隔离，使得发达资本主义世界的人们，面对科学技术变革带来的，产生了极端个人主义为基础的破坏人性的文化，面临着家庭的危机，文化信仰的失落，从而滋生了虚无主义的不知何去何从的恐惧和绝望感，这是生命意义的失落，也是工业化时代科学技术带给欧洲人最早的无意义生活的文化失落的痛苦。《德国文化丛书・前言》中编者说：“作为有责任感的当代人，我们必须思考这个事实：科学技术成就已把我们和这个星球带入前途黯淡、危机四伏的境地。这套丛书介绍自然科学、社会科学、艺术、文学、哲学、宗教、交叉学科研究等领域德国著名作家的见解。着力选择那些适合于受过教育的非专业人士的，有关各个领域的目标、可能性、范围和局限、基础和先决条件、前途、内在的危险、方法问题的材料。这些作家是他们领域的权威，博学明智。他们试图指出他们学科的新发现是如何与邻近的领域，特别是与当代人类社会相关。”[②]

现代科技技术带给人类文化的影响远远不止这些早期学者发现的人的焦虑和痛苦，以及失去生活意义带来的更为刻骨铭心的精神病症，还有更为普遍的挥之不去的，延绵在现代人精神文化的世界性的文化浪潮：现代主义。

① 孙志文.现代人的焦虑和希望[M]. 陈永禹译.北京：生活・读书・新知三联书店，1994：68.

② ［德］迈尔・莱布尼茨等著.人•科学•技术[M]. 胡功泽等译.北京：生活•读书•新知三联书店，1992:04

现代主义的思想思潮，不论是文学艺术上的、社会心理学意义上的，还是哲学上的现代主义思潮，都是人类面对科学技术变革带来的不适应性，从而引发了文化的变革。

现代主义的含义实在太庞杂，之所以难以说清楚，原因之一就是在工业化时代，现代人面临的“三重隔离”事实上就是人处在与自然、社会和意义的断裂带上，孤立无援的思想境况。麦克法兰在《现代主义》一书中收录了较早对这一精神现象学进行追溯的力作，包括对现代主义的名称与性质、现代主义的思想文化背景、现代主义的地理分布、文学艺术运动、现代主义的抒情诗、小说和戏剧，都有相当深入的知识考古学发现。现代主义作为工业时代的文化思潮，至今都有其重要的美学和哲学的意义，在现代世界文化史上潮声涌动，此起彼伏，至今延绵不绝。现代主义文学艺术作为时代文化中最为敏感的神经，最早感受到了工业时代的文化气息，相对于农业时代的古典文化传统而言，现代主义文化思潮的影响更深远、更持久，被看作是与传统文化的“剧烈的脱节”：“那些文化上灾变性的大动乱，亦即人类创造精神的基本震动，这些震动似乎颠覆了我们最坚实最重要的信念和设想，把过去时代的广大领域化为一片废墟（我们很有把握地说，这是宏伟的废墟），使整个文明或文化受到怀疑，同时也激励人们进行疯狂的重建工作。”[①]

第一，在机器化大生产面前，人显得力量单薄，无能为力。机器大生产改变了原有的生产方式，机器代替了人工，手工作坊被机器化工厂代替，社会生产力提高了，人力资源成本大幅度降低，所以马克思说，机器残酷剥夺了工人的饭碗，许多工人被迫离开工作岗位，让位于机器生产，工人的劳动力在生产中的要素占比急剧下降。在资本主义机器化大生产中，工人除了出卖劳动力，一无所有，马克思说资本主义的生产过程，一开始就剥夺了工人的劳动力和价值：“实际上应该被称为原始剥夺，我们一定会发现，这种所谓的原始积累不过是一连串劳动者与其劳动资料之间的原始统一性被破坏的历史过程。”[②]同时，也是工人与其生产工具开始急剧分离的过程，也就是劳

① ［英］布雷德伯里，［英］麦克法兰编. 现代主义[C]. 胡家峦等译.上海：上海外语教育出版社，1992：03.

② ［德］马克思. 马克思恩格斯选集第二卷[M].北京：人民出版社，1995:76.

动过程与生产过程急剧分离的历史过程。

第二，传统的知识认知模式，文化价值观念，生产生活方式，信息传播交流途径等都发生了剧变，这都是科学技术变革对文化的冲击。正如德国哲学家齐门在《科学与人类文明》中所指出的："不仅在现存的科学与科技，以及政治、经济等相关方面有着极快速的改变，就是在社会的公认观念及伦理、审美的价值体系上也有了根本的改变。鉴于过去的时代中改变的过程通常都是非常缓慢的，任何人一生之中并不会遭遇太剧烈的变化，然而到了今天每一个人都必须为适应时代的变化而重新拟定方向。在信息与刺激泛滥的今天，个人要想根本上适应外在变化快速的环境变得愈来愈难，他因此也经常处于一种不平衡的状态之中。人类知识无法估计的愈来愈快速的增加趋势，个人在受到生产与行政组织大型企业所束缚的情况，以及个人行动的自由因专才的要求而不断受到限制的事实，这些因素一次又一次地阻碍了我们主动精神、创造精神。由于科技的发展与人口的爆炸，要建立合理的社会规范变得愈来愈不可能。所有的意识形态，就是最现代的，也都不再能适用了。"[①] 科学技术的发展使人类的时间观从循环变为线性，日新月异的技术革命和现代城市的建立使得人不能再从自然的观念中寻找精神的归宿，人类对未来的不确定性彻底失去了生存的方向感；机器化大生产建立起来的经济、文化和法律制度，极大地束缚了个人主体的创造精神和主动性，使人类难以适应越来越复杂的社会生活关系。

第三，文化上的现代性体验。现代性的准确含义悬而未决主要是因为其内涵过于丰富和复杂，难以用精确的语言描述。但现代性体验确实是科学技术革命带给人们在文化上的精神印记。今天，现代性与后现代性纠缠在一起，争论和文献资料浩如烟海，众说纷纭，成为自20世纪80年代中期以来的讨论最为热烈的文化现象。现代性体验一般认为以波德莱尔的《恶之花》（1857年）为标志，抒发了一个诗人对欧洲工业革命完成之后的巴黎的现代性体验，波德莱尔笔下的大都会巴黎的景观是令人感到"恶的"，是一个充满"乌云密布的天空""蛇舞""腐尸""吸血鬼""决斗""苦闷和流浪""猫"

① ［德］迈尔·莱布尼茨等著.人·科学·技术[M]. 胡功泽等译.北京：生活·读书·新知三联书店，1992：76.

"猫头鹰""幽灵""快乐的死者""破裂的钟""忧郁""顽念""虚无的滋味""骷髅农夫""赌博""被杀的女人""醉酒的拾破烂者""醉酒的孤独者""穷人的玩具""寡妇"等等，把巴黎这座古老而现代化的都市的丑恶、病态和未知之物的噩梦体现出来，展示了工业化进程中的巴黎人普遍的精神压抑与惶惑不安，"这些诅咒，这些谴责，这些抱怨，/这陶醉，呼喊，哭泣，感恩赞美诗，/往复回荡在千百座迷宫中间，/如神圣的鸦片给了凡夫俗子。"（《灯塔》）[①]《恶之花》是继爱·伦坡小说之后，表现欧洲工业革命发展时期，人们精神生活上的空虚与无聊，沉沦与贫乏，阴暗而病态的现代性体验。从波德莱尔之后的整个欧洲艺术，一直笼罩在怪异百出的现代性的氛围里，绵延不绝。英国理论家詹·麦克法兰和麦·布雷特勃莱在《现代主义的名称与性质》一文中集中考察了"现代主义的称谓和性质"的起源、特征、现代主义的时代处境、现代意识和现代经验，并把现代主义看作是"灾难级的巨变"：压倒一切的位移："推倒了我们的信仰和观念中最稳固和最坚实的东西，把属于过去的广大地域夷为一片废墟，它怀疑整个的文明或文化，并疯狂地另起炉灶。"[②]现代主义及其文学艺术，无论是早期的先锋派，还是后来的标榜各种主义，诸如未来主义、象征主义、意象主义等等都以对传统和现实激烈反叛的姿态，大胆登上文学艺术的殿堂，寻找和演绎真实世界的努力，一百年来，我们现在逐渐理解了现代主义的宣言和荒诞。从20世纪80年代中期以来遍布中西学术界的后现代主义争论都还是现代主义的余脉。

第四，现代科学技术带来积极的文化价值。科学技术广泛运用于文化传播之中，也就是说，科学技术在文化传播、文化生产和文化消费中占的比重越来越大，更深层地说，文化传播越来越依靠科学技术取得的新成果，科学技术为文化的生产、传播、发展和消费带来积极的文化价值。随着科学技术的飞速发展，国家与国家之间、民族与民族之间、国内各地区之间的文化交流日益频繁，日益快捷，科学技术在其中起着举足轻重的作用，技术成为文化传播的要素之一，技术在文化生产、发展、传播和消费中的亮眼表现，技

① ［法］波德莱尔.恶之花[M].郭宏安译.北京：国际文化艺术出版社，2006:13.
② 袁可嘉编选. 现代主义文学研究（上）[C].北京：中国社会科学出版社，1989:204.

术成为一种当之无愧的文化现象，技术文化得以形成。特别是以计算机为基础的信息技术的兴起，使得文化的发展日新月异、光彩夺目，文学艺术的创作与消费、新闻出版、电子图书情报、文化体育，旅游虚拟技术等，从形式到内容，都发生了彻底的革命。数字技术带来的数字文化，已经覆盖了传统的文化生活的大部分，激发出前所未有的文化创造力。

同时，科学技术还不断扩展着文化的传统内涵。流行音乐、影视节目、短视频、广告都大量借鉴和吸收文化的元素而领时代的文化风气之先，新的视觉意象的文化世界为普通大众喜闻乐见，图像的文化世界越来越占有重要的地位，并赋予传统的文化世界既旧又新的全新意义，大众文化不断潮起潮落，为文化的发展不断打开一个个新世界，传统文化的范围和边界不断的扩大和消散，从而构成大众文化的一部分。科学技术把传统文化的积淀演变成文化的生产，并与经济生产和日常消费复杂的关联在一起，以至于文化研究的主要对象都变成了“大众文化以及与其相连的日常生活”[①]。

第三节　技术文化语境与大学生思想政治教育

一、技术文化语境对当代大学生的影响

不管我们是否喜欢，我们都处在技术文化的时代氛围中，科学技术在人们的现实生活中发挥着越来越重要的作用，以至于日常生活都大量依靠技术的支撑，人们的吃穿住行无不打上了技术的印痕，现代通信技术、媒介文化和交通的巨大进步，使得技术正在成为一种人类必须依靠的无形力量，“技术视野已成为人们审视万事万物的一种基本理念”[②]，技术及其创新成为这个时代的精神追求。当代大学生思想敏锐，最能感受科技创新带来的变化，他们是移动通信和互联网主要的参与者和使用者，他们已经快速地“融入”并畅享着科技创新带来的技术化语境。今天的大学生如果还不能熟练地使用互

① ［英］默克罗比.后现代主义与大众文化[M]，北京：中央编译出版社，2000:02.
② 王伯鲁.技术化时代的文化重塑[M].北京：光明日报出版社，2014:04.

联网，就不能有效地参与大学的学习和生活。物联网、微信、QQ、钉钉等正在成为信息密集场和交流场，它们已经成为快捷联系的必备通道，甚至是唯一通道。

技术化语境对当代大学生的影响是多方面的。从积极的层面来说，技术化语境给他们的学习和生活带来极大的便利。各门学科及其知识的交流、更新、前沿研究、信息发布都通过互联网进行传播，互联网成为现代知识生产、传播和发布的主要场所，也成为当代大学生知识学习、交流的最主要的渠道，特别是各种公众号及电子书籍的普及，传统的知识生产和传播的路径发生了重大改变。从教师、教材和教法都发生了革命性变革，使得很多教科书的知识来不及更新就过时了，很多高校的教学视频以免费的形式对公众开放，大学生获取知识的途径传统的图书馆、课堂授课和教材之外，还可以快速地从网络、公众号、视频及电子化期刊获取优质的教学资源。如抖音和微信视频为主要传播途径的各门学科教学视频、讲座、自然科普、宇宙探索、历史文化介绍等等，它们借助现代科技手段，以直观新颖的形式，不断刷新传统知识的视野，不断打破传统教科书和传统课堂的人才培养模式。再如王亚平在神舟十三号宇宙飞船上的授课，以直播的方式，让世界各地的学生以直观清晰的方式，理解了失重环境下物体的各种表现，这些都极大解放了大学生的想象力，激发了他们探索知识海洋的巨大潜力。同时，也极大地释放了大学生自主学习的能力。对教师来讲，也是好事，教师的知识更新、学术能力和学术个性都可以在技术化语境中得到全面地提升。当代大学生的学习空间大大扩展了，他们学习选择的范围和知识面，前所未有地无限延伸了，有人把这个时代比作“知识爆炸”的时代，其实远不止于此，现代科学技术把人类社会从农业社会推进到工业社会，再推进到信息社会，新技术革命的浪潮席卷全球，任何封闭和排他性的知识系统，都将被彻底地突破和抛弃。在疫情期间，各种网络学习平台、智能设备、网上课堂软件如腾讯会议、QQ 直播、超星课堂等远程视频教学应运而生并取得成功，深受大学生喜欢。远程教学的技术化优势得以充分展现，许多线下无法解决的问题，迅速得到解决，就连遥远的农村和偏远地区的学生，也都能同步进行远程学习。

技术文化也是一把双刃剑，给当代大学生带来极大便利的时候，也给他们带来了其他方面的影响。法国学者让·拉特利尔在20世纪90年代受联合国教科文组织之约，较早考察了科学技术对传统文化的挑战，他认为，科学、技术对文化形成了“破坏效应”和“归纳效应”，并对我们的“伦理”和“美学”产生影响。一方面，科学和技术“为文化本身提供新的可能”[①]，另一方面，对传统的文化结构产生某种分崩离析的作用。传统科学知识的学习过程，是要让我们更好地理解和阐释这个世界，但现代科学和技术通过在社会生活系统中，广泛而深入地传播，特别是在大、中、小学校教育学科中的普及，传统的人文学科逐步丧失了其社会表达和认知模式，完全被科学的学科所取代，以自然科学为主导学科的人才培养模式逐步形成，技能技术人才受到追捧。现代大学通过以科学为基础的技术训练培养专门人员，来操作以计算机为核心的现代机器和机械设备，同时，现代科学和技术通过这些机器和机械设备，给当代大学生的认识论造成一种立场和观点，“其中特别是新的立场，由于同科学知识的密切关系以及高度的理性特征而日益清楚地显示出来。”[②]这常常被理解为“科学的世界观”，从而对大学生的文化和价值观念产生，对他们的文化心理、价值理念造成剧烈变动。

技术文化批判提供了更多科学技术的发展为当代大学生带来的负面效应。二十世纪早期的技术文化批判主要涉及技术的“异化”“物化”和“技术理性工具化”。马克思在《1844年经济学一哲学手稿》就注意到了在机器生产中，劳动的异化问题及其非人化的后果。后来的法兰克福学派、卢卡奇、马尔库塞以及杰姆逊等都在马克思异化理论的基础上延伸了马克思的劳动异化理论。在现代社会，机器化大生产、媒介的广泛传播、互联网和各种新兴技术的运用、消费社会的逐步形成等等，标志着技术社会的形成，有人把这样的时期称为继工业化之后的后工业化社会或者后现代时期，技术文化越来越把人们从大自然卷起来，抛入到技术物品大地化的语境中，人们生活在大城市中，生活在技术物品堆积起来的世界，技术的发展非但没有让人类的身

① ［法］让·拉法特尔. 科学和技术对文化的挑战[M].吕乃基等译.北京：商务印书馆，1997:49.

② ［法］让·拉法特尔. 科学和技术对文化的挑战[M].吕乃基等译.北京：商务印书馆，1997:60.

心获得自由，反而越来越依赖技术物品的存在，技术工具化从而成为支配人类物质生活与精神生活的工具。手机在当今大学生中的普遍使用及他们对手机的依赖，甚至到了离开手机寸步难行的荒诞境地。手机在他们的日常生活中占据着至关重要的位置，手机阅读、购物支付、扫码识别、出行旅游、个人网络账号登录等等，都无法离开手机，他们对外部世界的认识和主观心理世界的形成，都与手机等科学技术产品密切关联在一起，须臾不离。

技术文化语境给当今大学生带来了现代主义的心理体验。现代主义是随着现代工业社会的兴起出现的一个复杂的概念，基本的内涵有包括科学技术带给社会经济文化、自然环境、城市化兴起等诸多方面的巨大变化，从而给人类的思想文化、社会伦理和个人的精神世界带来的震惊、焦虑、异化、绝望等现代主义情绪以及无意义和虚无主义的生存状态。现代主义兴起于欧洲，两次世界大战给整个欧洲带来了精神文化危机，欧洲人面对战争的残忍，对未来和前途感到焦虑，对欧洲文化的理性、信仰和道德观念深感绝望，对技术及其文化后果产生了怀疑，工业化的后果，使得欧洲自然环境遭到了极大的破坏，工业化经济社会的形成，使得人的异化程度加深，人与人的关系变得冷酷，欧洲人对现代社会感到没有出路和希望，从而产生了深重的危机感，表现在文学、艺术创作领域，被称为现代主义的思想风格。在文学艺术上，意识流、象征主义、未来派等各种艺术流派争先打破传统文学艺术的表现方式，从外部世界的表现，转向内在的心理感受。在思想文化领域，表现出非理性主义的哲学思潮，尼采极力反对机械技术的非人化倾向和现代主义文化，宣布“上帝死了”。叔本华认为，世界是非理性的作为意志和表象存在的世界，生命意志才是世界的本体。柏格森的生命延绵哲学，及其后来的弗洛伊德的精神分析，后结构主义，后现代主义等纷纷登场，人的自主性和创造性，人的自由和尊严都彻底消失在技术化及其文化后果的洪流中。

二、当代大学生要正确认识科学技术的意义和价值

技术文化语境中的大学生对科学技术要有清醒认知，一方面要尊重科学，尊重科学发展的规律，坚持科技创新，科学技术是第一生产力，不是洪水猛

兽，马克思说，科学是一种“革命的力量”，要有科学的世界观和方法论；一方面要对科学技术的负面影响有清晰的了解和认知，要保持身心健康，不能成为科技时代的“单面人”，不能被科技产品遮蔽了自身的“此在”，要对技术文化内在的矛盾多样性和工具理性有充分的认识，要在技术文化语境中寻找技术与自然、技术与人文精神的联系，正确理解科学的意义和价值，寻找到人生与生活的意义和价值。

科学技术的现代化与世界各国的发展战略密切联系在一起。高科技涉及众多行业和产业，世界各国要实现本国的现代化，就必须在高科技竞争中，积累和发展本国的技术、人才、资源和资金，必须采取积极的支持政策，跟上世界科技发展的步伐。世界各国不论是在经济发展、生产交换与消费、国力增强等方面的竞争，归根到底是高科技的竞争，特别是高新技术的竞争与发展，成为世界各国争先发展的目标，成为国家战略。日本在20世纪50年代就提出了“技术立国”国家战略，美国在1983年制定了“星球大战计划”、欧洲制定了“尤里卡计划”和科技进步综合纲要，都在计算机信息技术、生物技术、新材料技术、空间及海洋技术等高新尖领域争夺一席之地，这些国家对科学技术的价值和意义的高度重视，并以此作为国家战略，随着时间的推移，今天的人们看到了科技发展带来的结果，科学技术对社会经济发展和综合国力的提升具有实在而自觉的价值，以至于我们今天还一直把科学水平的高低、高科技领域的前沿占比看作是衡量一个国家强盛与否的一种重要的尺度。事实确实如此，每一次技术革命，都必然带来社会生产和生活的巨大变化，人类从农业文明到工业文明、生态文明，都是生产的技术化带来的社会化，正如马克思所说，生产工具的进步“比其他任何东西都更会使全世界的社会状况革命化”[①]，在现代世界，贫穷和落后往往与科学技术的不发达、不充分紧密相连的，也是一个事实。

当代大学生是国家培养的科学技术人才的生力军，要树立马克思主义的科学价值观。首先，要对有关科学技术价值的争论有辩证的认识，对资本主义工业化带来的环境安全问题、资源枯竭、人类对自然的无度开发等问题，

① 中共中央马克思恩格斯著作编译室.马克思恩格斯全集(第20卷)[M].北京:人民出版社，1986：520.

以及科学技术高速发展带来的人的“异化”和价值理性的丧失等，科学技术发展带来的问题不是科学技术本身的问题，这些问题的解决还得依靠科技进步的手段来解决，不可能再回到以前的状态来解决，还得依赖新的发展理念，建立科学有效的、可持续的生态文明观作为指导，依靠科学创新，生态绿色发展，纠正科学技术的片面发展，注重科学技术的实践价值，形成对科学技术批判既有警示性，又有创造性的社会氛围，化解科学技术发展的片面性危机和可能产生的消极后果，推动科学技术实践的人文关怀，让技术文明朝着绿色和生态化转向，从而更加有利于科学技术的创新和符合中国现代化发展的国家战略的需要。其次，当代大学生要努力学习，永攀科学高峰。进入二十一世纪以来，我国科学技术的发展取得了长足发展，特别是在航空航天技术，深海探索，新材料技术，新能源技术等科技前沿，取得了可喜的成绩，习近平总书记要求科研工作者要继续弘扬科学精神，传播科学思想，爱科学，学科学，提倡全球视野，倡导科学方法，开拓创新，把握时代脉搏，自由畅想，让更多的原创理论和更多原创发现从亿万人民的创新智慧和创新力量中涌现出来。作为新时代的大学生，一定要把握学习机会，多参加一些科技创新活动，在创新实践中发现科学真理，在创新活动中成为敢于创新、善于创新的高素质和高素质技术技能型人才。

三、当代大学生要树立马克思主义的技术文化观

马克思主义技术文化观是由马克思和恩格斯在一系列著述、手稿中创立的并得到很大发展的有关科学技术存在及其对人类社会产生巨大影响的理论。马克思、恩格斯的著述与手稿中，没有专门的技术文化的论述，但马克思在论述自然科学、现代大工业生产，以及生产过程等方面，强调科学技术是“人类劳动的产物”的一部分，“是物化的知识的力量”[①]，无不突出科学技术的“革命家”作用。马克思对科学技术给社会生产力带来的推动，现代自然科学与现代工业对整个自然界的“变革”，以及“科学在工艺上的应用”

① 国家科委政策法规司编.马克思恩格斯列宁毛泽东周恩来邓小平论科学技术[C]，北京：科学技术文献出版社，1990:05.

使得“资本赋予生产以科学的性质”，这些都表明马克思对科学技术的推动作用持肯定的态度。这使得一些国外学者认为，马克思是技术决定论者，但事实上，马克思是在人与自然的相互关系中来考察技术的本质，马克思对技术充满了文化上的批判，所以有学者把马克思的技术批判概括为“文化批判的技术批判”，认为马克思的技术批判“超越了政治经济学批判”而表现为更为深刻的“文化批判”，马克思的技术批判根植于现代大工业时代的“人的现实生活世界”①，马克思对技术的批判，最重要的原因是马克思洞察到了技术在资本主义时代对“人的异化”，技术成为资本主义工业化大生产对人的本质的剥夺：“人的生命则化为愚钝的物质力量。”所以说，马克思的技术观，既是技术的批判，也是文化的批判。

马克思在1856年的《在“人民报”创刊纪念会上的演说》中就看到了技术包含有“自己的反面”，以机器为代表的技术具有双重性，既可以“减少人类劳动”，又可以使人类劳动“更有成效的神奇力量”，但同时成为“贫困的根源”，引起“饥饿和过度的疲劳”，②技术自身包含的对抗性，使得人的生命钝化，这确实是事实。马克思很早就看到了技术的这种双重性，早在《1844年经济学哲学手稿》中就对技术对人的“异化”提出了科学的批判。马克思把技术与资本的积累及其价值理论联系起来，这就使得马克思的技术批判包含更复杂，更深广的历史内容。马克思看到，在资本主义大生产中，技术与工人劳动是对立的，机器越是减轻工人的劳动强度，“越有力”，那么工人就越“愚钝”，“否定自己”。在《资本论》中，马克思对技术带来的人的“异化的批判”，显得更加直截了当，马克思说，在工业化之前的手工业时代，机器是工人的工具，工人使用工具，工人本身是一个“活机构的肢体”，但在现代大工业生产中，“工人服侍机器”，“死机构独立于工人”并把工人作为“活的附属物”而存在，现代技术使得“工人的劳动毫无内容”，马克思说，手工业生产了机器，“大工业借助于机器”，不但如此，马克思还直接指出，剩余价值含有直接的“技术基础”，《资本论》第四编“相对剩余价值生产”中列出了专门的章节讲述了“机器与大工业”，对技术的价

① 于春玲,李兆友.作为文化批判的技术批判[J].科学技术与辩证法，2007（10）：68-71.

② ［德］马克思.马克思恩格斯全集第12卷，北京：人民出版社，2016:04.

值向产品转移，技术对个人的直接影响，技术引发的“劳动的革命”都有深刻的论述[①]，所以，有学者认为马克思的技术批判思想“是一种系统的技术整体论”，“系统的技术整体论超越技术决定论”[②]，这也是事实，马克思的技术批判一直是在整个资本主义生产制度的宏大层面展开的，也即是说，马克思的技术批判是站在整个资本主义大生产的角度，把技术及其基础作为一个生产要素来作为事实上的阐释，从而对以现代工业化生产的机器为代表的技术及其基础，有了全面的政治、经济和文化的批判。马克思对技术的批判最终是要寻求人的自由解放，是要人在现代大工业环境中摆脱机器的束缚，摆脱机器对人的奴役和异化，从而真正实现自己的本质，所以有学者认为马克思的技术批判从本质上来讲“表现为一种更为深切的文化批判”[③]。

马克思对技术的批判主要集中在两个层面：劳动异化和技术异化。马克思指出，在资本主义大生产中，劳动的客观条件是独立存在的，“与工人相对立”，也就是说，工人劳动的客观条件属于资本家，“工人把自己的生产力转让给资本”，工人的劳动在资本面前成为抽象的劳动力，所以马克思说关键不在于物化，“而在于异化”[④]。资本把工人的劳动当作资本生产的要素，工人失去了劳动的所有权，劳动失去了人的能动性和创造性，成为异己的力量，成为资本的奴役：这就必然使得工人与自己的劳动本身异化、工人与自己的劳动的产品异化、工人与世界异化、人与人的异化。

在马克思看来，技术异化的范围更深远，影响也更大。有学者指出：“技术异化是指人们在通过技术活动实现自身目的的过程中，技术活动及其技术系统转化成了一种外在的、异己的、敌对的力量，危害社会，反制人类，使人性扭曲或畸形发展的倾向”[⑤]。随着现代工场手工业和家庭劳动向大工业的过渡，工人随机器生产的发展而得到排斥和吸引，“工厂的全部运动不是从工人出发，而是从机器出发”，机器及其技术成为生产活动的主导性力量，

---

① ［德］马克思.马克思恩格斯全集第 23 卷[C]，北京：人民出版社，2016:408-553.
② 陈芬.论马克思主义科学技术观的伦理维度[J].伦理学研究，2005（3）.
③ 于春玲,李兆友.作为文化批判的技术批判[J].科学技术与辩证法，2007（10）：68-71.
④ ［德］马克思.马克思恩格斯全集第 46 卷[C]，北京：人民出版社，2016:350-360.
⑤ 徐博.马克思技术异化思想探究[J].辽宁工业大学学报(社会科学版)， 2010（10）.

马克思说，工人反复不断地在机器面前重复同一个操作过程，这对工人来说，这种单调的重复重压的工作，就是一种“无止境的苦役”，“令人丧气”，马克思深刻地指出了由于机器和现代技术带来的技术分工的异化：“虽然机器从技术上推翻了旧的分工制度，但是最初这种旧制度由于习惯，仍然作为工场手工业的传统在工厂里延续着，后来被资本当作剥削者劳动力的手段，在更令人厌恶的形式上得到系统地恢复和巩固。过去是终身专门使用一种局部工具，现在是终身专门服侍一台局部的机器。滥用机器的目的是要使工人自己从小就变成局部机器的一部分。”马克思通过现代资本主义生产方式的考察，“工人服侍机器”，机器及其技术独立于工人而存在，“工人被当作为活的附属物并入死机构”，马克思说，“机器劳动极度地损害神经系统”，“侵吞身体和精神上的一切自由活动”。①从现代技术的发展来看，马克思的见解是深刻的，机器和技术带来的异化，使得工人身心受到极度的损害，工人毫无办法，生活动荡不安，劳动失去了内容和意义，人成为机器的一部分，变得越来越不自由，最后变成单面人，造成技术化的人性的压迫。

当代大学生应当坚定树立马克思主义的技术文化观。马克思的技术批判思想，依然具有强大的生命力与指导意义。既要充分认识到科学技术在国家现代化建设中的核心地位与关键作用，也要清醒地看到技术发展可能带来的负面效应。科学技术的发展无疑为人类社会带来了前所未有的革命性变革，展现了其巨大的科技力量，但与此同时，我们也必须正视技术发展所引发的工业污染、生态失衡、全球气候变化等严峻问题，这些问题直接关系到人类的生存与发展。

我国是一个发展中国家，科技相对还比较落后，建设具有中国特色的社会主义和实现民族复兴，实现国家工业、农业以及其他方面的全面现代化，科学技术发展成为国家战略的重要部分。邓小平提出了“科学技术是第一生产力”，重视科技发展，造福人民，是邓小平理论的重要内容。邓小平非常重视科学技术工作，他认为中国现代化的实现，“关键是科学技术要能上去”，他说，我们国家要赶上世界先进水平，“要从科技和教育着手”，“科技和

① ［德］马克思.马克思恩格斯全集第23卷[M]. 北京：人民出版社，2016:460-465.

教育，各行各业都要抓”[①]。邓小平看到了科学技术对于国家强大的重要性，他指出，如果不搞现代化，科学技术水平提不高，社会生产力提不高，人民的生活就难以改善，所以邓小平的科学技术思想是站在国家和人民富强的高度，强调科技和教育的重要性。江泽民同志对科技工作也非常重视，他强调科学技术是第一生产力，要在激烈的世界经济产业竞争中取得主动，“只有坚定地推进科技进步”，中华民族才能在世界高科技领域占有应有的位置，他把学习、掌握和运用高科技战略与可持续发展战略并重，提出要有“科技意识”，“多方面增加科技投入”，要求科技工作面向经济建设的主战场，在高新技术及其产业开发和基础科学研究方面齐头并进，确立目标，“鼓励原始性创新”，“真正依靠科技进步”[②]。

党的十八大以来，习近平新时代中国特色社会主义思想包含着丰富的科学技术发展的战略思想。科技创新是习近平科学技术发展的核心思想，他强调以科技创新带动全面的创新，把科技创新放在国家发展战略的核心位置。他提出“创新是引领发展的第一动力”，他提出的创新、协调、绿色、开放、共享的新发展理念，其核心就是科技创新，科技创新在全面创新中发挥“引领作用”，并形成创新体制和“引领型发展”。习近平总书记站在世界经济和科技产业发展的最前沿，强调科技创新是中华民族走向复兴的必由之路。从世界范围看，“科学技术越来越成为推动经济社会发展的主要力量”，科技革命及其由此引发的产业革命，一些重大的涉及经济社会发展的高科技领域的核心技术正在不断被突破，信息技术、生物技术、新能源，海洋与空间技术以及新材料新产业不断取得新进展，世界各国都把科技发展战略放在最为突出的位置，“抢占科技和产业制高点”成为世界各国经济社会发展的关键。[③]

习近平总书记的科技创新思想是立足全局、面向未来的战略思想，包含

① 国家科委政策法规司编.马克思恩格斯列宁毛泽东周恩来邓小平论科学技术[C]，北京：科学技术文献出版社，1990:143-148.

② 江泽民《要鼓励原始性创新》（2001 年 6 月 22 日），《江泽民文选》第 3 卷，北京：人民出版社，2006：262.

③ 习近平.在十八届中央政治局第九次集体学习时的讲话（2013 年 9 月 30 日），人民网：http://theory.people.com.cn/GB/68294/402884/index.html

的内容十分丰富。第一，社会全面创新必须以科技创新为核心和关键。从20世纪80年代以来，经济快速增长，主要依靠廉价的劳动力和资源作为支撑，特别是以牺牲生态环境和资源浪费为代价的发展模式，已经不能再适应新的时代发展要求了，从劳动密集型、资源等要素为主要驱动的发展模式，必须转向科学技术创新驱动发展，科技创新成为经济发展的新的支撑点和着力点。第二，科技创新坚定不移走中国特色自主创新道路。新中国成立以来，一方面积极学习国外先进技术，一方面坚持自主创新。特别是21世纪以来，世界各国越来越认识到科技自主创新的重要性，西方一些技术大国长期垄断设备和技术，使得一些发展中国家长期处于产业链的最低端，使用二手技术，随时遇到卡脖子技术，要在日趋激烈的全球产业竞争和综合国力竞争中取得一席之地，习近平总书记说："我们没有更多选择，非走自主创新道路不可。"[①]为此我国已经采取很多积极有效的应对措施，在许多涉及民生和国家重大战略的科技领域，大胆探索，取得了不小的成绩。第三，牢牢把握产业革命大趋势。习近平总书记把科技创新与世界产业革命的趋势紧密联系在一起，大力发展战略性新兴产业和先进的制造业，不断提高传统产业的技术含量，延长其价值链和附加值，他特别重视信息化与工业化等各行业的深度融合，他重视海洋技术的发展，重视发展大农业，要求传统农业改造必须依靠科技创新，"要给农业插上科技的翅膀"，重视生态环境治理，重视现代新兴产业的发展趋势，要求逐步实现有竞争力的现代产业体系，促进经济发展方式的转变，让科技造福人民。第四，牢牢把握集聚人才大举措。他强调"人才资源是第一资源"。世界科技的竞争归根到底是人才竞争，特别是科技人才在国家发展中起着重要的作用，"走创新发展之路，首先要重视集聚创新人才"。他鼓励一方面要发挥好、利用好现有的人才优势，一方面吸引国际人才，"择天下英才而用之"，要树立人才意识，凝聚和培养创新人才及团队，实施科教兴国战略。

当代大学生正确认识科学技术的意义与价值，要充分认识到科学技术与国家现代化发展之间深刻的关联，要深刻认识到科学技术的发展对于中华民

① 习近平.在参加全国政协十二届一次会议科协、科技界委员联组讨论时的讲话（2013年3月4日）.人民网：http://theory.people.com.cn/n1/2016/0303/c402884-28169080.html

族走向复兴的重要意义。

习近平科学技术思想的创新发展是站在中华民族走向复兴的战略高度，穿透从1840年以来的中国近现代百年历史的烟云得出的历史结论。近代史以来的中国之所以落后挨打，一个重要的原因就是科技落后。中华民族要屹立世界民族之列，必须在高科技领域占有一席之地。当今世界，以信息技术、空间技术、海洋技术、新材料新工艺、人工智能等重大技术的突破成为世界各国竞争的焦点。习近平总书记对当今世界的科技前沿和世界产业革命有深刻的观察和判断，对人类命运共同体及全人类的未来，有深邃的展望，对国家高新技术和高新产业发展充满信心。习近平科学技术思想是对马克思主义科学技术观的继承和创新发展，深刻回答了新时代中国特色社会主义科技强国的时代要求，发展动力，始终坚持理论创新和实践创新，为迎接中华民族伟大复兴奠定了坚实的理论基础和与时俱进的实践品质，极大地开拓了马克思主义科学技术观的新方法、新境界，是中国化的马克思主义的科学技术思想的最新的理论成果，是当代大学生科学技术文化思想的行动指南。

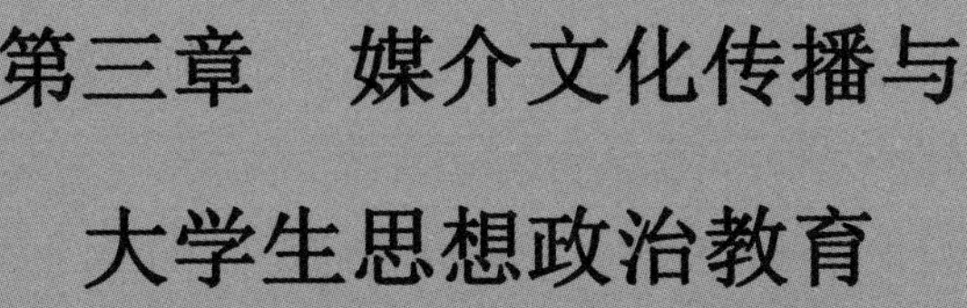

第三章　媒介文化传播与大学生思想政治教育

第一节 媒介文化概述

进入 21 世纪以来，媒介文化传播迅速，其影响力无与伦比，对大众来讲，从日常起居，吃穿住行，到文化的获得与交流，都离不开媒介文化的影响；对观察媒介文化及其影响的学者而言，媒介的每一次变革，都带来文化传播上的巨变，特别是21 世纪的社会及其文化，被称为“媒介社会或媒介文化”，媒介文化与现代性的及其后现代性的研究，特别是不同文化的交流碰撞，带给年轻人的影响，不仅仅是心理的、价值观的，甚至是世界观的改变。

研究在媒介文化时代，媒介文化是如何影响着人们的心理和价值观的，特别对当代大学生的心理和价值观的影响是非常必要的。第一，文化现代性的第一个特征就是现代媒介文化的出现，换句话说，文化现代性对人们的影响就是媒介文化影响的结果。第二，随着中国的现代化程度的加深，传统媒介（纸质为代表）逐步被电子媒介取代，人们的信息咨询与获得，社会交流、知识获取与利益获得，对互联网、移动终端等新兴媒介的依赖已经越来越深，越来越紧密，“网虫”已经不是一个形象的比喻，而是一种事实或生活的状态。媒介文化对于他们来说，已经是生活的一部分或全部。第三，今天，媒介文化有了新的社会功能，它不再仅仅是一个信息传播的载体，而是“人的延伸”。马歇尔·麦克卢汉就把《理解媒介》一书的副标题定为“论人的延伸”。有学者认为，“麦克卢汉的媒介定义包括人体和人脑的一切延伸。新媒介提升和强化人的官能，新媒介使用或取代旧媒介，媒介能推陈出新，媒介能够逆转。”[①]

马歇尔·麦克卢汉（M.McLuhan，1911—1980）被称为现代传播学方面的巨匠。他在 1964 年出版的《理解媒介：论人的延伸》引发巨大震动，在他之前，还没有学者把媒介作为人的延伸来理解，麦氏对媒介的洞见确实是了不起的，是对媒介作了广泛的考察后得出的结论。有学者把麦氏的理论简单

① 何道宽.媒介革命与学习革命.深圳大学学报(人文社会科学版)2000(10):99-106.

地归纳了四点：①“媒介即是讯息”。②“媒介是人的延伸”。③“冷媒介和热媒介”。④口语词和书面语、服装、数字、住宅等26种媒介。事实上，麦氏的媒介理论还不止如此简单，比如，“媒介即是讯息”，麦氏就打破了传统认识，认为任何技术手段产生的媒介，都会“逐渐创造出一种全新的人的环境”，它不是“消极的包装用品”，“而是积极的作用进程”，麦氏深刻地指出：“媒介即是讯息”的意思是，“一种全新的环境创造出来了”，“这一新环境对旧环境进行彻底的加工”，也就是说，这种人工技术创造出来的媒介对现有的媒介来说，是“抗环境”和“反环境”的东西，这就是自古以来，人工技术帮助人类感知世界的媒介，并“使我们意识到心理和社会的后果”[①]，麦氏认为，“媒介正发挥着塑造和控制的作用。”[②]无论从什么意义上看，麦氏让我们重新审视我们的文化及其传播媒介。麦氏认为媒介不是静止的、消极或者仅仅只是一种传播文化的形式，远不止于此，媒介是能动的、反抗的、积极的，媒介对人的感知和对内容的选择有着非同寻常的影响，不同的媒介对人的感知影响是完全不同的，麦氏分析了影响人类感知的26种媒介，实在意味深长。比如书面语的出现，就使得人的感知器官从耳朵延伸、扩展或者强化了人的视觉功能，从而出现了视觉形象的文化，更多的，完全不同于前者的“感知卷入”就是媒介对人的延伸。

文化传播学把漫长的人类文化根据媒介的不同，分为口传文化、印刷文化和电子文化。口传文化阶段，人类的交流基本上是面对面的情境交流，在场成为唯一的保存方式。印刷媒介文化的诞生，无疑是人类文化发展上的奇迹，至今发散着生命的光辉，是人类文明保存的重要方式，它打破了交流的时间和空间的限制，并使得其媒介（印刷品）便于保存和可以移动。

21世纪随着计算机、互联网、移动终端的出现，电子媒介诞生了。电子媒介的产生，无疑是“人类文化传播历史上的一次空前的革命”：第一，改变了人类文化传播的方式，互联网和移动终端以“不可见”的方式，让文化的传播变得“随时可见”和“瞬间可见”，说文化传播的速度超过了光速一点也不过分，它使得不同民族，不同地域，不同文化打破了时空限制，“地

① ［加］马歇尔·麦克卢汉.理解媒介[M].何道宽译，北京：商务印书馆，2004:25-28.

② ［加］马歇尔·麦克卢汉.理解媒介[M].何道宽译，北京：商务印书馆，2004:34.

球村”是最好的写照，这使得文化的全球化成为可能。第二，电子媒介的出现改变了以前所有文化的形态，甚至改变了人类的思维方式和文化的体验感知方式，使得人类的文明形态从农业文明和工业文明转变到技术文明阶段。第三，电子媒介随着技术的进步发展起来并随着技术的飞速发展，让人类变得措手不及，“一切坚固的东西都烟消云散了”，“社会关系的不停变动”和“永远存在的不确定性和焦虑感”使得农业文明和工业文明建立起来的文化处于“不可界定、不一致、不可比较、非逻辑、非理性、含混、混乱、不确定性和矛盾状态。”[①]确实，人类文明进程中还没有一种传播媒介像电子媒介这样迅速改变和影响着人类社会的生产、生活和理解世界的方式。第四，电子媒介造成了人类文化的零散化和碎片化，并借助技术将越来越多的人卷入其中，“以其强有力的‘符号暴力’摧毁了一切传统的边界，文化趋向于同质化和类型化，但它又为各种异质因素的成长提供了某种可能。”[②]

美国学者道格拉斯·凯尔纳把这种基于新技术发展起来的文化称为“媒体文化”，他把现代媒体文化与法兰克福和英国的文化研究结合起来，致力于“批判性的、多元文化的和多重视角的文化研究”，他集中考察了“媒体文化与意识形态”“社会焦虑、阶级和不满的青年”“电影与说唱音乐”“海湾战争中的媒体与假新闻制作”“电视、广告和后现代性认同的建构”“消费与时尚”等诸多领域，显而易见，媒体文化成为我们的日常生活，从符号批判到话语结构，从知识谱系到拟像游戏，从解构主义到现代批判精神的批判，“回到事物本身”不再可能：“这是一种全新的文化，它构造了我们的日常生活和意识形态，塑造了我们关于自己和他者的观念；它制约着我们的价值观、情感和对世界的理解；它不断地利用高新技术，诉求于市场原则和普遍的非个人化的受众。”[③]

我们把这种文化状态称为“后现代文化”，本章要着力讨论的媒介文化

① 周宪主编.文化现代性精粹读本·序[C].北京:中国人民大学出版社，2006:10.

② 周宪.许钧.文化与传播总序.［加］马歇尔·麦克卢汉.理解媒介[M].何道宽译，北京：商务印书馆，2004:02-03.

③ 周宪.许钧.文化与传播总序.［加］马歇尔·麦克卢汉.理解媒介[M].何道宽译，北京：商务印书馆，2004:02-03.

与后现代文化有着巨大的联系。在中国最早谈论后现代主义文化的，源于美国学者杰姆逊1985年在北京大学的一场演讲，之后被唐小兵根据当时的课堂录音整理出版的《后现代主义与文化理论》，成为一个时代的经典，很多后来谈论中国后现代主义文化的，都无法绕开，杰姆逊无疑是资本主义晚期社会文化批判的先行者。其实，杰姆逊讲的后现代主义仅仅只是一个开端，他从晚期资本主义国家的文化及其生产方式、文化与宗教、文化与意识形态以及对文学艺术作品的叙事方式的转变出发，引发了他的后现代主义文化。他认为后现代主义文化是一种“新型文化”，这种文化的特征集中表现为：多国化资本主义和无意识、语言与表达的突破媒介、现代社会的平面感、深度模式的消失和复制时代的来临，广告、电视和电影所构成的世界被“商品化了”，人们生活在“类像”的世界里，生活本身只是媒体世界的模仿和复制。杰姆逊敏锐的发现这是一种“文化的转向”，[①]这种文化的转向引发了诸多批评家的关注，从狄尔泰、西美尔到德里达、福柯和罗兰·巴特，从法兰克福学派的文化研究到耶鲁学派的结构理论，他们的关注对象涉及社会运行的政治学、意识形态、人类学、建筑学、社会学、文学艺术、建筑影视等等。“文化转向”的产生与社会发展密切相关。比如西美尔的《货币哲学》，他对货币如何在资本主义时代，从物质交换转化为社会精神的思想建构的过程，进行了考察。20世纪60年代以来，西方资本主义国家进入了所谓的晚期资本主义，又称信息社会，后工业社会或者后现代主义时期。在这样的时期，最为突出的现象是信息爆炸，网络和视觉文化快速发展，跨国公司兴起，消费文化盛行，大众文化崛起，传统文化逐渐断裂或消失，个人主体性丧失，人在机器和媒介面前成了“单面人”。

现代信息社会，人们很容易被每天海量的信息淹没，信息全球化，人们似乎处于一种信息快速流动的汪洋大海，他们充满焦虑和矛盾：披头士街头音乐，时尚杂志的怪异服装，充满后现代风格的建筑，抽象的表现主义的绘画作品，人变成一条虫的现代派文学，大型超市琳琅满目的商品，娱乐媒体产业，表演与体育运动，专业化的广告设计与市场营销，都使得人们无法解

① ［美］詹姆逊.文化的转向[C].胡亚敏译，北京：中国社会科学出版社，2000.

释和理解眼前的世界，有学者把它称为“现代性的终结”：词语破碎，艺术死亡或衰亡，人道主义危机[①]，似乎人类活动的所有领域，“荒漠化”图景在不断增长，尼采发出的“上帝死了”的呼喊，逐渐蔓延出虚无主义的大幕，就连最亲近人类心灵的艺术也面临着词语的破碎，不可定义，意义终结，无法言说，人类面临着一个“变幻莫测的未来世界”：“当前世界的特点就是混乱。混乱不是幽闭于人的头脑之中，深藏于肺腑之内，而是逐渐地侵入各种机构、经济、货币、国际贸易……这意味着，混乱正在越过各国国界，扩散到每个角落。”[②]对于生活其中的当代青年而言，他们中的一些人，掀起了一场声势浩大的青年反文化运动：“指20世纪中叶以后发生在西方世界的反叛、抗议主流文化的青年运动。通常包括嬉皮士运动、反战运动、性解放运动等等。青年们以各种方式来反对传统的价值观、道德观，他们热衷于社会政治改革，反对种族歧视，反对资本主义制度，发起学生运动、吸毒、迷恋摇滚音乐等等，这些形形色色的青年运动给西方社会生活带来了巨大影响。”[③]

在当今世界，由于技术进步和工业社会带来的媒介文化后果，已经不只是在物质层面塑造着大众文化，同时，它已成为当代社会精神的主导性力量。特别是电子媒介文化已经不再是对自然世界的简单模仿或复制，也不再是对现实或者理想世界的展望，它已经摆脱了工具理性的束缚，在后工业时代，媒介文化一反常态，它对当代经济生活、价值取向、社会交往、人们的日常生活、文化，乃至生活方式都起到推动和组织的作用。当代媒介文化根据一定意图组织起来形成的大众狂欢式的全球文化现象被称为“媒体奇观”：“具体来说，我是想通过对这些产生了巨大影响的‘奇观’的阐释和质疑来揭示当代美国和全球社会的特征和发展趋势。例如，通过对麦当劳现象的阐释和质疑揭示消费文化、消费社会和全球化的一些本质特征；通过对乔丹/耐克奇观的阐释和质疑来透视当代体育文化。以及当代社会中体育、娱乐、广告和

① ［意］詹尼·瓦蒂莫.现代性的终结[M].李建盛译，北京：商务印书馆，2013.

② ［法］米歇尔·波尼亚托夫斯基.变幻莫测的未来世界[M].齐沛合译，北京：世界知识出版社，1981:02.

③ 冯黎明主编.20世纪欧美发达国家文化[M].北京：高等教育出版社，2004:199.

商业化日渐合流的趋势；通过对辛普森案的阐释和质疑来透视当代美国社会中存在的种族、阶级、性别矛盾、名人文化、媒体文化以及警察和司法制度中存在的问题，以及媒体对这一事件长达数月的近乎疯狂的关注究竟如何体现了以集团媒体和消费文化为主导的美国社会的本质特征。简而言之，我在对媒体奇观的研究中，将文化研究作为进行诊断式批评的主要手段，对当代社会中的各种奇观现象进行解读和阐释。”①这种媒介研究关注社会热点事件背后的文化本质，是目前媒介文化研究的主流。21 世纪以来，全球化进程中，人类生活的世界所发生的重大的经济、自然环境、气候、文化与政治等诸多领域的各种面临着发生在文化与政治等领域的各种变动，开放多元、网络分享、知识碎片化、日常生活消费化等趋势，也迫使人文学者必须面对“媒介奇观”开展深入的研究，需要一种更加开放和包容的理念与操作方法将与媒介有关的种种问题相互关联起来，才能跨越学科界限，达到媒介文化研究的深层理路。

媒体文化以其图像化、网络化、职业化、多元化、开放包容等特征，代替了传统精英文化的诸多形式，成为时代文化图景中的主导文化。图像化带来的视觉世界的愉悦性、高度网络化带来的参与性和开放性，消费文化的时尚性和商品文化诱惑力，都对当代大学生的心理世界、人生观和世界观带来不小的冲击，或者说，当代大学生一出生就生活在媒介文化的时代氛围里，正如麦克卢汉指出的那样：“今天的年轻学生，是在电力塑造的环境中长大的。这不是一个轮子的世界，而是一个电路的世界。不是一个分割肢解的世界，而是一个整合模式的世界。今天学生的生活，既富有幻想也有其深度。但是，他们在学校里的学习环境，是靠分类的信息组织起来的。课程之间没有联系。课程是根据一个蓝图构想出来的。学生无法参与课程的构想，也不能发现教育的场景与“神秘”的世界如何联系，这是一个电子加工资料和经验的“神秘”世界，学生视之为理所当然的世界。”②所以，如何有效引导当代青年大学生更好地理解、批判、吸收媒介文化时代的知识、价值，显得尤

① ［美］凯尔纳.媒介奇观：当代美国文化透视[M].史安斌译，北京：清华大学出版社，2003:04.

② ［加］马歇尔・麦克卢汉.理解媒介[M].何道宽译，北京：商务印书馆，2004:26.

为重要。

第二节　媒介文化的特征

从学术界来看，媒介文化研究已经有了不少的研究成果。大致有下面几个方面的研究视野。

第一，从现代信息技术的角度，看待和评价媒介文化，暂且称为技术媒介文化，以麦克卢汉和英尼斯为代表，麦克卢汉认为媒介即信息，也就是说，媒介决定了文化内容、形式，他将媒介分为热媒介和冷媒介两种，热媒介是信息较为完整，但受众参与程度低，对主体没有要求，传受互动小的现代大众传播阶段。而英尼斯对媒介的形式进行了划分，分为时间偏向的媒介和空间偏向的媒介。偏向空间的媒介有利于帝国的扩张，容易导致民族文化的社会组织丧失文化土壤。麦克卢汉最为著名的理论是“媒介即讯息”，“媒介是人的延伸”。

第二，从媒介环境或者媒介生态视野的角度来阐释传媒文化。如刘易斯·芒德福的媒介文化与技术生态研究，艾吕尔的媒介生态学，伊尼斯的媒介环境学遗产等等，媒介环境论者对传媒将文化的社会影响看得更为直接，他们都强调媒介的环境对社会大众具有很强的影响力，而这些影响都是深层次的，他们往往都着眼于传媒文化营造的氛围对人的影响。

第三，媒介作为一种机构，机构视野中的传媒文化研究。如阿特休尔的《权力的媒介》讨论了资本主义意识形态的新闻媒介，社会主义意识形态的新闻媒介，商业报刊以及媒介的社会责任等。媒介作为一种机构，它与外部世界的政治经济文化等体制结成多角关系。从政治学角度看，大众传媒是一种国家机器，媒介机构论者强调媒介对社会大众的影响，它是一种意识形态的塑造。从媒介机构论视角看传媒文化，其中一个重要概念就是文化霸权。文化霸权就是意识形态霸权，其统治方式与政治经济统治不同，文化霸权依靠的是灌输。作为批判学派的批判对象，传媒文化就是向公众灌输主流的意识形态。

第四，媒介的最终形式是一种文本，从媒介文本论的视野来看待传媒文化，更多考察的是媒介文化形成的语境，因为任何媒介的文本都不是独立存在的，而是特定历史文化的产物，语境跃升为焦点。很多学者在对媒介进行文本解读的时候，往往把媒介文本与文学文本相互关联，媒介对现代文学的塑造、组织和传播起着不可忽视的作用，同时，文学文本也影响媒介文化的评价，比如“电影语言”“电影叙事”的表达就与文学根基有密切的关联。有学者指出：“文学文本置于其媒介语境之中，可重构出当时的媒介认识与发展水平，更重要的是透过对语境中交往及信息系统的环境考察与判断，能够从中结晶出当时人类社会对世界和对自我的认知情况。而对历史情况的澄清，更加有助于对现状的把握。因此研析文学与媒介之间的历史互动关系，既能实现寻根探源的再发现，又同时具有对现实、对未来的指导意义。”[①]所以，很多学者认为现代文学本质上就是媒介文学，也即是说，现代文学一开始就是由媒介（报刊杂志）塑造并组织和传播起来的，这倒是一个不争的事实。

第五，媒介文化具有生产性。西方学者霍夫曼在《媒介概念史》一书中对媒介的历史有精深的钩沉。他认为媒介从它本身的工具性，发展到今天更具有生产性和技术性。特别是现代科学技术的发展，媒介文化具有生产性的特质，特别数字技术被广泛运用于工业生产和人们日常的消费中，使得人类传播史上的媒介形态发生了第三次革命，数字媒介超越一切语言，海量的信息流使得媒介跨越各种文化边界，变革一切现存形式从而创造出崭新的形式，它们“极大程度上改变了媒介的本质：被媒介化的事物与媒介化产物之间的关系告别了原始的自然相似性，技术化的生产和设计，使得媒介被定位为制造世界的机器或生产现实的手段。”[②]其中最为直接的后果是我们不再生活在一个真实的世界，而是一个网络化的虚拟的世界里，所以有学者说：“如今我们观看到的世界已经与四十多年前大不一样，由于海量的无所不在的影像的存在，我们所处的世界不再只是一个现实世界，还有一个每天包围着我们的由影像构成的符号世界。因此，我们的观看变得比四十多年前更为复杂。

① 刘晓.媒介文化[J].外国文学 2015（2）：112-121.

② 刘晓.媒介文化[J].外国文学，2015（2）：112-121.

生产和观看影像，已经成为一种全民参与的社会实践和生活方式，它不断地、每时每刻地生产着影像符号、观看着影像符号，建构着人与人之间、人与社会之间的各种意义。”[①]这种影像世界或者符号世界，就是现代媒介生产出来的，吉登斯把它称为“失控的世界”。虚拟的互联网时代，各种新兴媒介和视觉传播已经深深融入人类的生产和生活的各个方面，人类的生产、消费和交流，都必须而且只能依靠新的媒介，并且还要求每一个公民具备有媒介素养，也即是说，现代新媒介已经深入介入人类的生产和生活的吃穿住行，现代交通、通信也由媒介改变和创造出来，媒介塑造了人类的日常生活，诸如旅游、出行、购物等基本的日常生活都必须要求民众具备一定的数字素养，不然寸步难行，生活变得十分不便。最近流行起来的直播，包括抖音直播和各种直播间，从人际交往，商品交往，知识的传播，文化创新等，新兴媒介塑造和生产出潜力无限的消费空间、文化空间和各种符号空间，各种传统的交往方式、消费方式和生活方式被创新和创造出来，并形成新的媒介文化。

所以，我们在谈论媒介文化的时候，有很多层面，技术的、环境的、文本的、机构的甚至生产的层面，很多学者认为，媒介文化的边界过于宽泛，需要给予界定，但到今天为止，还没有一致的意见。

① 杜志红.文化创新：理解新媒介影像传播的重要维度[J].现代传播，2017（5）：16-20.

第三节　媒介文化对当代青年大学生的影响

一、大学生面临的媒介文化及其环境

从上面的媒介文化的特征来看，毫无疑问，我们已经处在媒介文化的环境中了，也就是说，我们今天生活的社会环境已经被媒介化了，或者说各种媒介融合了，特别是在大城市中，已经看不到自然的痕迹，人化的自然和媒介化的城市，把我们赖以生存的环境改变了；另一方面，以移动通信和互联网为代表的媒介文化，不但成为人们认识和交往的不可或缺的最重要的“媒介”，并且媒介的社会功能已经渗透到社会的各个层面，影响人们的购物选择、出行方式、生活态度，甚至是价值观念和意识形态。今天，无论是大型生产企业、公共文化部门，还是个人空间，都无法离开文化的影响和媒介塑造出来的环境。媒介的兴起，以其巨大的力量塑造了“地球村”这一事实，都让生活于其中的任何组织和个人，因为信息的迅速传播和发酵，给各种生产组织（企业）或者个人生活带来巨大影响。著名的三鹿奶粉事件，最初的起因来自一篇网络小文章《大头娃娃为什么再三出现》，引起媒体记者和网友的关注，并受到国家的执法检查，最终使得连续 15 年销售全国第一的三鹿乳业集团破产倒闭。三鹿奶粉事件后，国家加大了对奶制品，特别是婴幼儿奶制品的执法检查，之后的所有奶制品企业引以为戒，得以逐步规范生产，质量得到保障。2022 年的海天酱油事件，最初就是因为一则短视频，引发了海天酱油的“海啸”，仅仅一天，海天酱油的市值蒸发 380 亿，其损失之大，不可估量，并且带来的影响还在持续，由此引发了人们对食品安全的极大忧虑。媒介文化的力量为什么如此之大？一个重要的原因就是媒介文化的迅速传播之快，影响之大，所向披靡，是其他力量难以企及的。“东方甄选”也是一个鲜活的例子。据中新经纬公布的数据，“东方甄选”从 2022 年 6 月 10 日开启“双语带货”，仅仅两天时间，抖音直播的销售额就突破了 1700 多万，商品交易额达到

2100 多万，这是传统的销售渠道无法完成的，也是无法想象的。这说明，无论生产还是销售，都高度依赖以互联网为主的媒介，换句话说，今天的工业生产和消费，都无法离开媒介的文化交流和传播了。特别是以抖音为代表的直播平台，还彻底改变了传统的生产方式和消费方式，从工厂直接抵达消费者手中，“没有中间商赚差价”已成为未来生产和消费的主要方式已经露出端倪。

对个人而言，同样离不开媒介文化。从天气预报，到人们的吃穿住行，从疫情防控到学习生活，QQ，微信，钉钉，腾讯会议，电子邮件，移动支付，我们每天都生活在媒介文化的空间里，一部手机，一台电脑，甚至我们的线上课堂，都必须依赖网络媒介的传播和应用，一旦网络出现故障，生活和工作将陷入停滞，超市无法营业，出行受到影响，银行无法正常运作，机关无法工作，支付无法完成等等，可以说，没有网络，人们的生活难以继续，工作停顿，消息无法传递，交流中断，人们之间无法正常联系。

美国马里兰大学的学者查尔斯 •斯特林在《媒介即生活》中提出了“媒介即信息，媒介即生活”的观点，数字媒介时代的人们，很容易患上信息焦虑症，如何甄别有价值的信息与聒噪的杂音？如何识别媒体的偏见？如何做一名清醒的大众传媒消费者？随着人类技术的不断进步，从早期的印刷媒介，到音乐与广播、电影和电视等媒介带来的经济社会革命，直到今天的数字媒介。我们生活在由媒介构成的世界，无时无刻不受媒介的影响，从印刷媒体的兴衰到新媒体给世界带来的冲击，其实人类一直都生活在媒介的历史中，并且一直都影响巨大。媒介变革的历史其实就是由一系列技术带动的技术革命构成的，而且每次传媒变革都必然带来了社会、文化、政治、人们的生活方式和思想观念等方面的巨大变革，给每个人的生活带来重要影响。斯特林痴迷于传媒技术的未来发展，特别是互联网的演进、大众传媒聚合以及基于人工智能的技术系统，这也显示了他的预见性。

可见，媒介的重要性及其影响力与日俱增，对高度信息化的城市来说，毋庸置疑，所以有学者把今天的人类社会称为“信息社会”或者“信息文明时代”，以信息和网络传媒为主要的生产、消费与传播的新型社会形态，“数字化”和“网络化”成为主要特征。最近几年来，很多学者把今天的时代直接称为“媒介化社会”，其主要视角是人对媒介的高度依赖和媒介对现代社会的影响力今非昔比。也即是说，在媒介化社会中，媒介不仅仅是一个信息和传播的载体工具，同时它还参与、渗透和塑造着社会生活的诸多方面。张晓锋认为，媒介化社会形成具有三重逻辑，实际上就是三种显要的要素，一是媒介技术为媒介化社会的形成和发展提供了“技术支撑力”，特别是以计算机为基础的互联网和传播技术的变革性力量，“以一种‘新’质被整合到新的传播形态之中。技术的进步与创新，促使传播媒介不断汲取养分，完成了一次次由低级向高级传播方式的飞跃”，也即是说，传统社会的媒介没有被抛弃，而是融入了新的媒介元素，“新的媒体技术始终在融合所有传统媒介的优势，不断促进传统媒介的革新，推动媒介传播功能的多样化和服务的广泛性。”这种说法无疑是正确的，在我们今天的高度信息化和网络化的时代，传统的语言、印刷报刊、纸质杂志、广播电视等传统媒介并没有消失，这些传统媒介融入了“电子媒介”的“新质”，加快了的传播速度更加使其显得唾手可得，这就为社会媒介化提供了技术可能和现实需要；二是由于社会大众对“信息永无止境的需求甚至依赖”，形成了媒介化社会的主体动力。在现代社会，整个地球由于信息的即时传播，才可能成为“地球村”。特别是在媒体高度融合发达的今天，媒介给大众提供的信息太多，太杂，无所不及，人们的生活、生产和消费必须高度依赖媒介的信息，“信息成为资源，成为真正意义上的财富，人们出于生存与发展的需要，必须不断寻找赖以生存和发展的信息，传播媒介这一以信息传播为主要职能的工具就日益为人们所依赖”，媒介成为一种工具，一种纽带，甚至可视为人的延伸，它将每个人裹挟其中；三是整个现代世界的环境被“信息化”，“在现代社会中，现实环境变得越来越错综复杂，人们必须借助媒介建构的图画，藉以形成脑中图景。”①

当代大学生就处在媒介化社会的大环境中，这与传统的媒介传播时代有了极大的不同：在传统媒介社会，大学生获取信息和知识的主要手段是纸质

① 张晓锋. 论媒介化社会形成的三重逻辑[J]. 现代传播，2010（7）.

书本、电视、广播等媒介，同时由于这些媒体信息的选择性很强，所以对于普通的大众来说，可以选择的信息是有限的。但如今以移动通信端和互联网为主要媒介的电子媒介的出现及其飞速发展，使得“媒介即生活”成为现实，我们生活在由媒介及其传播构成的生活世界，特别是今天的电子媒介时代，“电子媒介在促进文化的集中化的同时，又造成了不可避免的零散化和碎片化。再者，电子媒介一边在扩大公共领域的疆界和范围，将越来越多的人卷入其中，但同时它又以单向传播、信息源的垄断以及程序化等形式，在暗中萎缩和削弱潜在的批判空间。”[①]所以我们要很好地去认识媒介，认识媒介文化及其所塑造的媒介环境。

二、后现代主义媒介文化对青年大学生的影响

后现代主义是流行非常广的一种文化思潮，但究竟什么是后现代主义，至今确实众说纷纭，不同的学科和不同的语境有不同的表述，但有一个共同的事实，那就是后现代主义是媒介文化高度发达的产物，是人们在人类进入工业化时代之后，面临的新的文化语境，一般称为“后工业社会”或者“晚期资本主义症候”，还有学者称为“消费社会”等等，这里主要讲后现代主义媒介文化的兴起，对当代大学生的影响。

1993 年，中国社会科学院外国文学研究所出版了“世界文论”第二辑“后现代主义”，专门译介了国外有影响的讨论后现代主义的学术论文，这成为国内后现代主义研究的基本文献，比如利奥塔的《后现代状态：关于知识的报告》和《呈现无法显示的东西：崇高》，利奥塔的论文在学术界影响很大，被国内学术界普遍引用。利奥塔把“后现代”界定为“对元叙事的怀疑”，他把自从启蒙运动以来的基础主义、本质主义和普遍主义进行了彻底的怀疑和批判，并对当代的文学、艺术、政治、经济等领域开展了“非合法性”的反思和批评，利奥塔在《后现代状态》一文中提出的问题，之后成为后现代主义学者讨论核心问题，如现代科学或者真理的合

① 周宪.许钧.文化与传播总序.［加］马歇尔·麦克卢汉.理解媒介[M].何道宽译，北京：商务印书馆，2004:02-03.

法性问题（由谁来决定真理的条件？），宏大叙事是以真理的名义在言说，所以利奥塔把批判的矛头对准真理，不但如此，利奥塔认为，自启蒙运动以来，是人这个主体构建现代历史的知识、科学和真理，是主体确定了真理的合法性和优先地位，并赋予整个历史以意义。主体何以可能？利奥塔认为关键因素之一就是语言，而语言又仅仅是一种游戏工具，“社会主体正在语言游戏的扩散中瓦解了自己”，[①]利奥塔对主体的挑战是致命的，主体是特定语言话语的产物，它本身的地位与意义是由特定的文化环境决定的，所以知识、科学和真理的基础被抽空了，世界也失去了意义，主体丧失，语言游戏，虚无主义，科学的合法性危机，艺术和哲学成为“悲观主义的断奶的婴儿”，后现代世界就是对现代性的批判，消解主体，消解“大叙事”，突出差异，多元和悖谬。

利奥塔在《无法显示的东西：崇高》一文中继续讨论了西方后工业时代摄影技术对现代绘画的影响，“先锋派画家割断了与公众的联系”，以至于不能创造出任何东西，从而“宇宙无法显示出来，人性、历史消亡、此刻、物种、善、正义等也无法显示出来。”[②]从此以后，詹姆逊的《后现代主义，或者晚期资本主义的文化逻辑》、威尔什的《我们的后现代的现代》、哈桑的后现代主义概念阐释、库利岑的《后现代主义：一种新的原始文化》等，使得后现代主义自20世纪60年代以来，成为席卷全球的文化思潮。

从目前学术界对后现代主义的阐释来看，很难有一个统一的定义或者说被大家公认的界定。据学者考证，“后现代”一词，早在19世纪70年代就已经出现，当时主要用于建筑领域和诗歌创作中的反传统的倾向，到了20世纪80年代以来，后现代主义话语风靡全球，人们很难从理论上对其做出精准定义了。现代很多西方学者把不同时期具有这种反传统理论倾向的艺术创作、建筑流派、哲学理论流派都归于后现代主义，如后现代绘画、后现代诗歌、后现代小说和戏剧、后现代建筑、后结构主义、解构主义、西方马克思主义等。从美国学者维克多·泰勒和温奎斯特编撰的《后

① 中国社会科学院外国文学研究所.后现代主义[C].北京：社会科学文献出版社，1993:67.
② 中国社会科学院外国文学研究所.后现代主义[C].北京：社会科学文献出版社，1993:76.

现代主义百科全书》中收录的关键词也可以看出后现代主义的基本特征：历史的终结、内在性平面、不透明、不确定、不可知、分裂分析、元批评、元语言、无意识、文化研究、文字学、主体性、他者圣性、外在性、边缘、仿像、此在、交际学研究、夸张作态、多声部性、两难、后结构主义、后殖民、延误、异构学、虚无、符号空间、虚拟、超现实、隐喻、数字文化、拼凑、播撒、踪迹等等，可以说，每一个关键词，都充满了“后现代”气氛，这是现代艺术、文化和哲学所没有涉及或论及的范畴，它们从边缘开始，逐渐延伸、播撒，从看似抽象的文化实践，到与现实世界的符合，都给我们打开了无限多层面的解释世界和事物可能性。我们来看看后现代主义是如何看待数字文化的：

数字文化指的是通过数字技术传递，并经过数字技术转化的文化，这样的技术越来越集中于数字化电脑。数字化电脑及其主要特征，就在于以抽象的、电子信号的方式对信息进行处理的过程，这是数字文化最具特征的技术。戴维·博尔特在他的著作《图灵机时代的人类》中提出，一项具有特征的技术“发展了与文化科学、哲学或文学的联系，无论这种联系是否含有隐喻的或其他的意义；该技术总是能够充当隐喻、例证、模式或象征这样的角色。”电脑已经形成了一股广泛影响着社会和文化转化的冲击力，它创造了一个非一体化的或非实体化的时代，在这个时代中，基本范畴不再是物质而是被处理的信息。

从模拟媒体到数字媒体的转变，使文化、艺术、政治、法律以及其他领域发生革命性的变化成为可能。模拟媒体是稳定的和被动的，这种由一个人面向大众的传播媒体，一般是由政府或企业来控制的。数字媒体促成了大众面向大众这样小范围的信息传播，把信息传播给个人和小群体。数字媒体成本低，易操作，具有便携性，这些条件使得它们可以更广泛地分布在整个文化之中，并且可以免受传统形式的审查和控制。数字文化的支持者把这一文化说成是一种解放的、解中心化的、敞开的、非等级制的文化，在数字文化中，信息渴望自由、不知边界为何物，正在创造出一种新型的赋予个人以力量的知识经济。然而，数字文化的批评者认为，数字文化的特征就在于它是一座电子敞视式监狱，其中个人自由和个人隐私都受到新的电子监视手段的侵害。

——《后现代主义百科全书》[①]

可以说，数字媒体文化是后现代主义所强调的文化特征，后现代强调信息或符号，不再强调意义，强调技术的影响和冲击，不再强调文化对技术的反作用，认为后现代是一个信息时代而不是一个实体的物质世界，强调大众文化，强调去中心化的、非封闭的、不要深度的，自由的，没有边界的文化状态。

后现代主义作为一种文化思潮，首先源于西方的语言学转向，索绪尔的语言学研究已经触及到符号与整个语言的表意系统，而语言又联系着主体与客体、历史与本体经验，语言与主体认识、思想与实体的深刻关联，解构了语言，思考无从开始，也无从依靠，他们对理性充满了怀疑，使用了大量具有反抗现代性的一些词语：比如否定，反叛，非理性，拒绝，抵制，反传统，反理性等，他们既不对历史的经验进行肯定，也对未来无所希望，更不相信语言意义的本源及其真实性，他们认为语言，无论是对话、叙事还是文本，都是“语言的游戏”。但是他们肯定多元、多样和差异性，不确定性和机遇，在哲学上就是非理性主义的思潮，在文化上就是以德里达为代表的西方解构主义思潮，对传统价值的颠覆和反叛。

后现代主义通过媒介达到了空前的扩张，它带给当代大学生最直接的影响是对传统文化价值的怀疑和否定，从而产生价值虚无主义，传统文化被后现代的传媒文化取代，广告、音乐、影像、无意识、视频全部以商品化的形式遍布在人们的日常生活中，甚至是完全渗透到了教育文化和艺术哲学中。在詹姆逊看来，后现代主义的文化逻辑特征主要是：一种“新的平淡感”或者叫浅表感，比如在后现代主义的绘画和建筑中，这种平淡感使得艺术作品本身消失：“我们至少可以认为，这种新的平淡阻碍艺术品的有机统一，使其失去深度，不仅绘画如此，解释性的作品也是如此。这也就是说，后现代主义的作品似乎不再提供任何现代主义经典作品以不同方式在人们心中激起的意义和经验。”也即是说，在后现代主义者看来，艺术作品，当然也可以

① ［美］维多克·泰勒等编.后现代主义百科全书.章燕.李自修等译.吉林人民出版社，2007:124.

说是文化意义“失去了深度”，詹姆逊说，在现代主义作家那里，作家赋予现实以各种意义，或者说他们的作品“似乎有解释不完的意义，他们的渊源似乎探索不尽，对他们的评论和注释也没完没了”[①]。但后现代主义却完全相反，它们往往采取极端反叛的形式，在罗兰巴特那里，语言失去了现实的参照，成为一种幻象，就连现实也是一种幻象。在福柯那里，意义需要一种“知识考古学”，需要在话语及其陈述方式中，寻找断裂和非连续性的意义。詹姆逊说，规范解体是现实主义，规范重建是现代主义，而患精神分裂症想回归原始时代理想时代的是后现代主义的新特点。主体消失，复制，拼贴，大杂烩是詹姆逊对后现代主义最为经典的特征描述。有学者直接指出：“后现代的文化特征是，颠倒文化的原有定义，反对传统标准文化的各种创作原则，扬弃传统的语言、意义系统、形式和道德原则。走向零散化、边缘化、平面化、无深度，通过各种炫目的符号、色彩和光的组合去建构使人唤不起原物的幻象和影像，满足感官的直接需要。”[②]对当代青年大学生来讲，要正确认识后现代主义产生的历史背景及其对现代性的反叛，是对资本主义晚期的“后工业化社会”而言的，它们对传统规范的反叛，对语言符号的意义系统的拆解，带给我们的是价值评判的模棱两可或者说标准的丧失，这是我们必须防范和清醒认识的。

后现代主义媒介文化思潮也给青年大学生带来积极的思想影响，这就是后现代主义文化逻辑的精髓所在。第一，后现代主义对传统宏大叙事的解构、怀疑和批判，有利于文学艺术、建筑设计、数字文化体验等各种创新领域形成丰富多彩的世界和不同于以往传统的创新思维。特别是信息化时代的来临，也亟需要青年大学生改变一些传统观念，与时俱进，从而形成全民创新、大众创业的繁荣局面。第二，媒介成为人的延伸，同时也成为人们处处都可以把内在尺度（经验、价值、需要）运用到创造上的重要工具。比如《2020亚洲数字艺术展》就彻底改变了传统的艺术展览方式，而是借助现代媒体技术，建立起清晰可辨的三维虚拟场景，线上观展方式，一方面，观众可以突破时

① ［美］詹姆逊.晚期资本主义的文化逻辑[C].张旭东编.北京：生活·读书·新知三联书店，1997:288.

② 冯俊等著.后现代主义哲学讲演录[J].北京：商务印书馆，2003:07.

间和空间的界限，人人可以参与其中，人人可以选取自由点击、拼凑、挪动等操作，实现观众身临其境参观体验；另一方面，观众还可以通过特定的程序实现从一个分会场，到全部会场的参观，实现了从某点到无限的观看需求，极大的节省了人力物力资源，这是任何传统艺术展所不可能实现的。第三，移动客户端（手机）与互联网的结合，正是后现代主义中心与边缘、消解传统价值与观念的利器，成为众声喧哗的“流动的家园”，这也是后现代主义文化的革命性意义。

三、数字化媒介的兴起对青年大学生的影响

数字媒介的兴起对当代大学生的影响是巨大的。数字化媒介又被称为“新媒体”，关于新媒体的说法或者界定，目前学术界还没有明确的可以让大家都信服的结论，但有一些基本的要素是确定的，比如数字技术、网络技术和移动客户端为支撑的大容量、实时和交互进行信息传播的新形态媒体。它与传统的书刊报纸、电视广播等现代媒体有了很多不同的特点，如数字化媒介个性突出，可以利用大数据进行精确推送服务；表现形式多样化，轻松实现文字、声音和视频画面无限实时传播，同时受众的选择也实现了自由多样化的选择。手机和互联网是其最为典型的代表。媒介作为一种信息传播和沟通的工具或者说载体，一直存在并发挥着重要的作用，如早期的口头语言、竹简、木简、丝绸、纸张、报刊、电报、电视等媒介，都是划时代的媒介，都对人类信息传播起到了重要的作用，这是毋庸置疑的。但随着计算机的发明使用，到网络计算机的互联互通，人类的媒介以前所未有的速度，影响着我们的生活和文化的世界。早在20世纪90年代，尼葛洛庞帝就提出了“数字化生存”的概念，他认为“计算不只是和计算机有关，它决定我们的生存。”尼葛洛庞帝认为数字化生存的核心是信息化时代的来临，有三个方面的重大革命：第一，信息取代原子成为人类社会的基本要素，信息DNA将重塑世界，人们每天从媒体开始，数字电视和电脑将掀起媒体再革命，随心所欲的媒体世界，多媒体诞生并即将改变人类的感觉世界。第二，电脑将给我们提供一个充满“个性化”的“完美的人性世界”，“图幻世界”，电脑制图和像素

威力巨大，身临其境的“虚拟现实”，电脑看得见读得懂你的感觉世界，电脑可以聊天。第三，数字化生活。后信息时代来了，“黄金时段就是我的时段”，人们可以自由选择信息，便捷的联系成为可能（既在家中，又在外面），从游戏中学习，电脑将成为“无所不在的万事通”，新电子表现主义流行（网络医生与教师、音乐、电子艺术、离经叛道的各种沙龙）。毫无疑问，尼葛洛庞帝当年的预言充满洞见，短短三十年，我们已经数字化生存了。网络变得不再那么虚幻，虚拟世界不再那么虚拟，高清晰的像素不限于电脑了，一部手机足可以完成所有的数字化生存。当然，尼葛洛庞帝的预见带有很美好的想象成分，如充满个性化的“完美的人性世界”在今天的互联网已经普及的时代，非但没有实现，反而引发了“低头族的非人化”或者说“人的新的异化”。

中国的学者从 20 世纪 90 年代开始，始终关注数字化媒介给人类生活带来的巨大影响。如夏文蓉在《论当代文化的媒介化趋势》（1997）一文中就精准地预见了数字化媒介给当代人的影响，她把数字化媒介认为是一种“辐射力最强的文化装置”，它不仅仅是一种文化的推动力，同时还深入当代文化的“深层结构”，使得当代文化呈现出媒介化特征，并“成为当代文化的有机构成”。她认为，当代文化的所有形式，哪怕是传统的戏剧、舞蹈、音乐会、博物馆和艺术展览，都必须经过数字媒介发挥“特定的功能”，并深深地打上“媒介的烙印”。[①]从现有的媒介化研究来看，学者们的研究已经纵深化，超越了一般现象学，从网络技术到技术哲学，从媒介社会化研究到网络研究，从数字化生存到大数据、区块链和元宇宙的研究。也就是说，数字化生存仅仅只是一个开始。从当代文化的媒介化趋势来看，媒介融合与影响、媒介社会化和媒介化社会已经逐步形成，所以媒介已经不再仅仅是人的延伸，不再仅仅是讯息，人类已经实现了从数字化生存到媒介化网络生存的转变。当然，当代媒介化研究也受到了一些质疑，一方面认为媒介化研究处于泛化研究，认为媒介化理论过于简单化，仅仅是一种“概念潮流”，只是具有“修辞价值”。[②]批评媒介化的声音关注到了学者的研究缺乏系统的理论支持，并

① 夏文蓉.论当代文化的媒介化趋势[J]. 南京大学学报，1997（4）：152-157.
② 郭静.关键理论亦或概念潮流：媒介化理论再反思[J].新闻界，2022（8）：66-74.

容易陷入“媒介中心主义的陷阱”，媒介化研究还没有突破舒尔茨的媒介社会化进程四个基本的路径。

媒介化研究取得了不少的研究成果。顾烨烨、莫少群的论文《媒介化研究：理论溯源与研究路径》立足于媒介社会角色的转型，把媒介化研究的源头追溯到齐美尔和吉登斯，他们认为，早期媒介的特征是“工具性”，媒介化社会中媒介的角色从“中介性”到社会的“媒介化”趋势，在这样的时代，信息传播呈现出“裂变式”，媒介化社会呈现出“开放”“分散”的网络型结构。张晓锋在《论媒介化社会形成的三重逻辑》一文中认为，现代社会在媒介的发展和渗透下被不断的重新塑造，“媒介化社会正在形成”：媒介融合、信息依赖和环境建构成为媒介化社会的“三重逻辑”。[①]学者孙玮认为，媒介化社会的来临是一种“文明转型和新型人类的诞生”，在她看来，现代社会的媒介已经不是一种实现某种目的的现实工具了，现代技术的发展使得“媒介越来越隐形化”，技术越来越成为人的一种对立存在，它剥夺了人类的“自然本真”，成为人类生存的一种威胁，从而在主客观世界和社会构成方面“改变了人本身”，不但如此，媒介还“通过塑造身体的知觉经验，参与到人感知世界的实践中”，也就是说，媒介不但参与了人的现实生活，还以前所未有的方式，改造人的感觉世界和理解世界的实践，媒介“变为构成社会的基础性要素”，“媒介化生存”成为一种新的文明形态并诞生一种“新型人类”。[②]这种见解无疑是深刻的，她看到了媒介事实上已经覆盖了人类生存的所有方面，技术已经延伸到人的日常生活，并成为日常生活无法避免的存在，比如，智能手机已经成为人们日常生活基本的物质与精神支柱，信息获取与传送，包括基本的吃穿住行的所有方面，都无法离开智能手机的普遍性实践。当今新媒介技术正在以前所未有的方式，造就主体的媒介化生存，这种媒介化的“主体”被称为是一种“新型人类”，一方面，传统意义上的本真状态被日益剥离，加入了非主体的经验和实践，另一方面，主体生活的环境被媒介不断地重新塑造，从报纸、电报、电视电影到网络，时空可以逆转，过去的生活可以清晰地被记录，被重新体验，人与环境的关系，不再是

① 张晓锋.媒介化社会形成的三重逻辑[J].现代传播，2010（7）：15-18.

② 孙玮.媒介化生存:文明转型与新型人类的诞生[J].探索与争鸣，2020（6）：15-17.

人与自然和谐共生的关系。网络，虚拟现实和人工智能的出现，成为最具代表性的“新型人类”：“一是以虚拟现实技术模拟人类有机体感官的身体体验 ；二是制造非有机体的智慧主体，即人工智能。”[①]这当然只是一种学术批评的概念，“新型人类”或许有些夸张，但信息技术的飞速发展，确实给人类及其生活世界带来今非昔比的影响。比如世界的“真实”概念被颠覆，“幻像”“仿像”或者“拟像”的世界已经清晰可见，它是真实的，但又不是传统意义上的真实的世界。媒介不再是“人的延伸”，也不再被“理解”，而是不断的进入人自身，重新塑造人类的感觉器官和精神世界，媒介成为人的一部分：“新媒体将以往基于血缘、地缘关系而结成的‘失落的共同体’中的个体重新聚合起来，形成一种虚拟共同体。”[②]夏德元博士提出了“电子媒介人”的概念，他认为，“电子媒介人”是一种“掌握着传播新技术缔造着或接受了网络虚拟文化或称电子文化的新人类。”[③]一方面，随着现代网络的发展，从传播学意义上来讲，媒介化社会阶段，人类社会进入了一个全新的阶段，电子媒介人的数量在不断增加；另一方面，“人人皆媒介”成为现实，“电子媒介人”逐渐成为新的传播主体，他们是网络新生代，他们获得或者改变了传统的社会文化面貌，从而获得了一种新的文化身份，“电子媒介人”生活在一个无处不在的电子信号组成的“电子空间”或者说网络虚拟空间中，主体和客体的界限在逐步消失，媒介及其媒介融合的媒介环境成为一种虚拟的真实。

人的媒介化生存引起了学术界对人的生存境遇的思考和警惕。媒介批评的声音从未停止，英国社会学家斯各特·拉什从晚期资本主义的异化出发，把随时弥漫在现代社会的零碎的、漂浮的、无理性的“信息”成为时代的幽灵或者说“符号的黑洞”，开启了学者对信息及信息社会的重新审视和批判。陈力丹认为，整个社会信息化了，人生活在信息的海洋，被信息所左右和控制，带来的“信息的异化”，具体表现在：第一，“信息爆炸和信息过载”使得人类在信息面前无能为力，社会资源被极度浪费。第二，“垃圾信息”

① 孙玮.媒介化生存:文明转型与新型人类的诞生[J].探索与争鸣，2020（6）：15-17.

② 陈龙.共同体幻像：新媒体书写的空间互动与趣味建构[J].山西大学学报，2015（7）:75-83.

③ 夏德元.电子媒介人的兴起：社会的媒介化及人与媒介关系的嬗变[D].复旦大学，2011.

充斥网络，用户被迫接受大量无用、有害的垃圾信息，特别是网络“水军”制造的广告和冗余信息，“造成时间的浪费和减损带宽、妨碍通信等实质性损害”。第三，网络病毒，恶意复制和袭击用户电脑，导致系统瘫痪，甚至盗用和篡改用户数据、文件，造成用户和机构损失巨大。第四，群体性孤独症。在互联网时代，人际交流日益网络化和数字化，各种社交APP把不同血缘、地缘和业缘关系的陌生人聚集在一起，特别是网络视觉化之后，传统意义上的亲缘和血缘关系，被完全打破，人与人之间的关系越来越快，越来越多，他们相信虚拟空间比现实空间更加真实可靠，他们沉浸在网络信息的海洋里，身边却是不可知的万丈深渊，他们与身边的朋友熟人很少交流，缺乏沟通，所以当他们面临不确定的信息时，每个人都失去了判断力和自信心，长期沉迷网络漂浮状态，使得年轻人（包括相当多的大学生）思维浅薄化，他们往往越来越焦虑、孤独和恐慌。他们之所以每天沉浸在网络视频和各种社交媒体，其目的是“尝试用联系他人的方式以解决孤独的恐慌”，这就是现代人的“群体性孤独症”，[①]国内也有学者称之为“媒体依赖症”。那些技术悲观主义者对技术给人类带来的负面影响充满忧虑，哈罗德·伊尼斯认为媒介会在传播时对它所在的文化产生这样或那样的偏向，从而决定了人类文化或文明的兴衰。麦克卢汉通过媒介与受众的不同关系，考察了媒介对人类感官世界的控制和操纵，“麦克卢汉通过分析媒介本身的感官偏向性，来探究媒介之于人类心理认知和社会结构的影响。”[②]人及其感觉器官对媒介的依赖，引起了学者们的极大关注，这引发了人类“媒介化生存危机”：及时方便的通信使得“人际关系冷漠”，媒介无处不在，造成了“对私人领域的僭越”，低头族对手机的过度依赖，造成“独立人格的丧失”，大量不适当的报道，特别是自媒体泛滥视频，随意剪辑拼凑，虚假扭曲的报道，一方面误导青年人，一方面“加重社会运行的成本”。[③]事实上，近年来，由于抖音、视频号等各种直播平台，各种涉及国际政治、经济、疫情防控、转基因食品、高新技术等虚假信息，被各种自媒体放大、扭曲，随意剪辑拼接，混淆视听，

① 陈力丹.当代信息社会批判[J].东南传播，2017（7）:32-34.

② 李明伟.媒介环境学派的理论分析框架[J].北京理工大学学报，2008（6）：3-10.

③ 张平.媒介化生存的危机[J].青年记者，2011（6）：50-51.

有些自媒体的科普知识，特别是疫情期间关于病毒的知识，既是片面的，也是错误的，在这个信息时代，人们很难分辨哪些信息是真的哪些信息是假的，很多不纯的动机引导青年人作出错误的选择和结论，给他们的人生和家庭造成很大的困扰，造成了极大的社会危害。所以，很多学者认为，以互联网为代表的媒介社会，“媒介依赖症”成为社会的通病，“病态的互联网使用症”，使人们过度沉溺其中不能自拔，人真的成为一条没有思考力和行为能力的“网虫”，媒介化生存也造成了青年一代对现实环境认识观念的改变，这也是媒介对环境的异化表征。学者赵瑞华在《媒介化生存与人的异化》一文中指出，人类进入媒介化生产时代，将面临五个方面的“异化”：“交往异化”“休闲异化”“消费异化”“审美异化”“消费异化”“思维异化”。在日常生活中，特别是现代大都市的日常生活中，媒介对人的控制或者说诱导越来越突出，媒介“左右了人们的语言”，“左右了人们的思维”，甚至是“价值观及世界观”，在媒介化生产和生存的时代，人往往深陷媒介及其技术构筑的“互联网”中，成为“网民”或“网虫”，人失去了独立思考和感受世界的能力。事实上，媒介化生存确实改变了我们对自然与社会的观念，但这也体现了人对科技的适应能力。需要警惕的是，媒介对人的思维方式和交往方式的控制，确实带来了许多前所未有的社会难题，需要我们研究和思考。我们的青年大学生要摆脱网络依赖症，对网络消息要有辨别力，要用批判性思维和判断能力来抵御互联网世界的流言和谎言。

波兹曼的媒介批判最为有力。他在《娱乐至死》（1985）一书中就对当时最为流行的电视文化展开了批判，他认为电视以娱乐的方式，改变了社会大众话语的内容和意义，娱乐既成为民众日常生活的表达方式，也是一切文化心甘情愿、无声无息沦落为娱乐的附庸，并成为一种文化精神。波兹曼在《童年的消逝》中认为，电视让儿童提前进入了成人世界，“童年”逐渐消逝。波兹曼同时指出，在成人和儿童共同成为电视观众的文化里，政治、商业、教育等最终蜕变成幼稚和肤浅的弱智文化，人类的文化精神逐渐枯萎。《娱乐至死》和《童年的消失》所提及的电视及其文化还只是人类信息时代的序幕，电视的影响还实在不能与今天的互联网相提并论。波兹曼在《技术垄断：文明向技术投降》就发出了“文明向技术投降的呐喊”，这是一种深深的忧虑。以计算机为基础的互联网形成了技术垄断，他认为人类的技术经过三个阶段的发展：第一阶段是工具使用阶段，在这个阶段，工具服务和服从人类的社会需要和文化需要；第二阶段是技术统治阶段，这个阶段，技术开始对人造成异化，技术试图统治和驾驭人类及其文化，但人类对技术还是可以控制和掌握的，如机器化大生产时代，技术开始更深入地改变人类的生产和生活世界，给世界带来巨大的物质财富，也给人类的生活带来便利，信息传递更加快捷，交通更加方便，城市快速发展，但人类的文化和文明是稳固的。第三阶段就是技术垄断时代的来临。波兹曼认为，由于技术不断发展，超越了技术本身，人与社会不断被“技术形态化”，技术发展的后果就是对人类社会的文化及其传统、政治、宗教、自然科学与人文科学及其社会心理造成的影响和破坏，在今天，技术垄断带来了恶果。技术文明语境逐步形成，技术文化的即时性、漂浮性和碎片化，缺乏传统文化的根基，它破坏了人与自然的内在关系，也破坏了传统的社会关系，对人类生存的价值、信心和思想观念带来了颠覆性的后果。

美国学者洛西科夫在《当下的冲击》一书认为，当数字化时代来临，一切突然发生，他接连发出了三个“为什么”：“为什么我们不应该更注重生活的质量而非速度？”“为什么我们不用面对面的交流代替电脑屏幕上的冷冰冰的文字代码？”“为什么不可以选择一个虽然有缺陷但有血有肉的人类社会，而非一个趋于完美但冷漠的数字世界？”他认为，数字化时代不符合人本能社会，人类生活在一个不再熟悉的世界，“数字化精神病”让人们的时间感消失，过去和未来被压缩在永恒的“当下”。[①]其实，人们关于互联网数字时代的疑问远远不止这三个“为什么”，这一点毫无疑问。但我们在看到互联网数字化时代的种种忧虑的时候，也要看到它给人类社会开辟了崭新的世界。对青年大学生来说，一方面，互联网数字化时代为他们提供了广泛的学习机会，一部手机可以实现以前难以想象的事情，比如，微信读书，就可以阅读到古今中外几乎所有重要的作家作品，超星读书和超星课堂，名家课堂应有尽有，国家图书馆和重庆图书馆开通的数字图书馆已经为读者提供

① ［美］道格拉斯·洛西科夫.当下的冲击[M].孙浩等译.北京中信出版社，2013：73.

了可以学习的资源，百度的搜索功能可以为很多疑难提供解决方案，各种超大网盘为我们提供海量的数据储存，也就是说，数字化时代的网络及其特征，为青年大学生的学习和生活带来的益处也是不能忽视的。

有研究者认为，媒介文化及其传播对当代青年大学生来讲，具有积极的现实的意义。这里，我们要明确的是，媒介文化及其传播，它本身不具有“信息滥用的权利”，它首先是一种传播介质，其附属的各种影响，是人类使用过程中产生的。以现代网络媒介及其传播来看，其积极意义也是不能忽视的，如信息共享和知识迅速传播，使得当代青年大学生的思维方式、创新意识、自我意识、社会认知和自我价值的实现，都是传统媒介无法比拟的。再如，现代媒介文化的开放性、创造性和相关性，使得人类文明形态具有新的形态，有学者称为“信息文明”的时代。信息文明的出现标志着人类社会发生正在或已经从农业文明、工业文明进入到新的“特质”的时代，这个时代最为显著的标志是计算机被广泛应用于整个社会，成为一种物质基础，在此基础上的社会交往方式，消费方式，特别是人工智能的出现，文明成为被“信息主导”的文明：信息成为整个社会的主导，信息文明社会中，“信息的创造、分配、传播、使用等成为意义重大的经济、政治和文化活动，而社会的目标就是通过创造性地使用信息技术来获得智能上的竞争优势。”①

① 肖峰.信息文明：哲学研究的新向度[J].马克思主义与现实，2019（3）：177-182.

第四节　媒介文化时代大学生媒介素养培育与提升

当代青年大学生的媒介化生活语境面临“生活媒介化”或“媒介深度化”的现实，各种文化思潮、话语、快阅读、公众号、影像短视频等通过各种媒介，汇聚成大量的网络信息，通过手机进行传播，形成某种话题主题或某种意识形态，很容易改变青年大学生对世界、社会和人生观念的看法。各种新兴媒介形成的网络世界，创造了青年大学生的精神空间，在这种非现实的虚拟空间中，是青年亚文化往往以“以狂欢化的文化消费来抵制成年人文化”[①]，可以肯定地说，新媒介带来的不仅仅是一种新兴的交流技术，而且更是一种媒介素养的问题，所以媒介文化时代大学生的媒介素养的培育与提升显得格外重要。

媒介素养，简单地说就是具有获取、判断和理解信息（知识）的能力。在媒介文化时代，人们每天面临着海量的信息，身处信息的海洋，垃圾信息、泡沫信息会不断地淹没、不断地干扰人们正常的日常生活，如果不能正确获取有效信息，不能正确判断和理解信息，就会无所适从，浪费时间，丧失主体，失去独立思考的能力，所以，有很多学者认为，媒介素养对当代大学生来说，是“现代大学生的一项基本素质”，他们认为，当代青年大学生媒介素养培育与提升的核心要素，一方面“具备正确的使用和有效利用媒介的能力”，并对媒介信息作出正确的判断，另一方面还必须具备利用媒介有效地传播和运用信息的能力，从而达到学习知识，获取信息，多层面了解世界，认识世界，参与社会实践。[②]这是媒介素养最为简要的阐释，以手机为例，可以更好地说明媒介素养的培育与提升对当代青年大学生的意义。手机，对今天的大学生来说，已经远远超出了媒介工具的属性，它不仅仅是可以使用的器物，同时也成为人的媒介延伸的工具。在今天，人们通过手机，生活在一个个由网络联系起来的赛博空间，既是真实的，又是虚拟的。线上支付，网

① 陈龙.青年亚文化与当代媒介素养教育[J].国际新闻界，2005（2）：17-22.

② 郑丽.新媒体时代大学生媒介素养的培育和提升[J].新闻知识，2011（4）：73-75.

上购物，在线娱乐，热点追踪，网络跟风，抖音，微信短视频，网络直播等等，媒介文化带给人们的虚拟体验，是前所未有的。麦克卢汉认为“媒介是身体的延伸”，事实上，远远不止，媒介已经不仅仅是身体的延伸，同时人的情感，情绪和生命体验，也被媒体深入到内心，很多时候，我们都会被左右了，这对于心理防线还不成熟的青年大学生来说，媒介素养的培育与提升显得尤为重要。

如何有效开展青年大学生的媒介素养呢？

提升大学生对媒介信息的认识能力。有学者指出，当代青年大学生“缺乏对现行主流文化的认同感”是当前开展媒介素养教育的一个突出难点。一些青年大学生对媒介文化中，对网络媒介中出现的违背社会主流价值观念的色、丑、怪、俗等现象，持无所谓的态度，甚至缺乏基本的判断力。这今年出现的网络热词“跟风”“躺平”“无脑”“摆烂”等等，热衷网络游戏，崇拜偶像剧明星，都说明部分青年大学生面对如潮水般的网络负面信息和针对青少年开发的典型的媒介产品——游戏，他们并没有构筑好道德和文化上的认知心理防线，美丑善恶的界限还比较模糊，对传统美德和主流文化的认同感，还没有真正的建立起来。据调查，超过 80%的青年大学生使用手机就是为了聊天，打游戏，看直播视频，特别是一些学生沉溺游戏和视频，不能自拔。有学者指出，现代人虽然在技能上熟练掌握了各种传播媒介，却未必在心智上理性地掌控了它们，人与媒介之间形成一种“异态的关系”——现代社会的“媒介崇拜”。媒介崇拜是在媒介使用过程中表现出来的对媒介过分依赖、沉溺、轻信和盲从的状态，是人对媒介的一种误用，具体反映在“媒介技术崇拜”“媒介权力崇拜”“媒介偶像崇拜”“信息崇拜”等多个方面，从而成为媒介时代信息的迷失者，要走出媒介崇拜的误区，走出媒介与人的异化迷失状态，必须提高媒介素养，掌握理性的、批判性的媒介使用能力。[①]我们认为，高校思想政治教育需要开设媒介素养或者媒介批评的课程，还可以通过演讲与口才训练，辩论赛等活动，让学生对一些网络热点开展辩论赛，真理是愈辩愈明的，对一些网络负面效应开展调查，得出结论，主要让学生

① 樊葵.媒介崇拜论[M]，北京：中国传媒大学出版社，2008.

看到媒介信息背后的真正原因，培养其正确使用和传播信息的能力，充分利用媒介，获取知识，提高获取有效信息的能力，从而提升媒介素养的价值判断力。

摆脱媒介依赖症，成为当代青年大学生最为紧迫的任务。今天，全球化思潮不仅仅经济全球化，同时，在媒介技术及其传播日益迅速更新的时代，信息和媒介文化全球化成为一种不可逆转的趋势，“地球村”已经名副其实。互联网作为最为迅捷的新型媒介，将传统的报纸、电视等传统媒介进行了前所未有的融合、吸纳和重新塑造，形成了“环境即媒介”，这与传统人与自然的关系形成了巨大的不同，媒介不断深入和深度参与生产、消费和生活的诸多领域，并借助强大的技术功能，实现它的社会功能，改变了人的思维方法和生活方式，从而影响人的精神生活和意识形态。比如一部智能手机，连着无数个 APP，一个微信 APP 就可以完成手机充值、生活缴费、城市服务，医疗健康等，其中微信城市服务就可以实现社保缴纳、交通违法查询、加油充电、城市热力图、医疗、办证、政务综合、便民服务、民政公益等等，数字化生存成为现实，人们越来越依赖互联网媒介及其移动设备（手机），人们更多的生活在一种“媒介环境”中，形成无法自拔的“媒介依赖症”。同时，技术和媒介也把我们带进了“风险社会”。德国学者乌尔里希·贝克早在《风险社会》（1986）一书中，就提出了新技术展现出来的技术现代化“威胁的全球性（人类、动物和植物）以及他们的现代起因”给社会带来了“风险和危险”，提醒人们警惕科学技术巨大的负面效应。[①]媒介化社会最显著的风险就是技术神话带来的大数据，使得我们今天的每个人都毫无藏身之处。在大数据时代，我们的购物记录、消费习惯、行踪、人脸识别，甚至个人嗜好，都被大数据所记录，甚至可能被传播。有学者指出，大数据库不仅能提供每个人的“精准化信息”， 但同时还将“个体赤裸裸的暴露在技术面前”，侵犯个人隐私，这就是“媒介技术的悖论”，这大大“增加社会的不稳定因素”， “人类将永久置于媒介化社会的技术风险之中”。[②]对当代青年大学生来说，一方面要积极拥抱互联网、理性认识现代科技带来的社会进步，开

① ［德］乌尔里希·贝克早.《风险社会》[M].何博闻译，译林出版社，2004：18.

② 刘丹凌，赵娟娟.对媒介化社会的批判与反思[J].学术论坛，2014（4）:101-105.

拓创新，获取知识和信息，一方面也要警惕和抵御媒介化社会带来的媒介依赖症、风险和异化，扬长避短，超越媒介化生存环境，多回到现实生活，回到自然世界，感受美好生活。

习近平总书记关于网络的论述是新时代网络思想政治工作的根本遵循，立意高远、内涵丰富，是开展新时代青年大学生网络教育的指南。习近平总书记在2014年和2016年的网络安全和信息化工作座谈会上，对网络发展大势、建设网络强国、网络空间、网络安全、信息化、全球互联网治理等方面给予了20条重要论断。[①]既有宏观的论述，也有着眼当代青年健康发展的实际，体现了鲜明的时代性。习近平总书记指出，人类社会发展历史正经历信息革命，是继农业革命和工业革命之后的第三次革命，我国已经成为网络大国，要成为网络强国，还必须创新发展，要有自己的过硬的技术，要有丰富全面的信息服务、良好的基础设施、信息化人才队伍。在网络空间建设上，习近平总书记指出，要“弘扬主旋律，激发正能量”，要让“网络空间清朗起来”，他呼吁世界要建立“全球互联网网络空间命运共同体”，推动“数字化、网络化和智能化”，共建“数字生态”。当代青年大学生，要认真领会习近平总书记关于网络强国的论述，做新时代的弄潮儿。

① 人民日报客户端.关于互联网，习近平给出了20条重要论断[EB/OL].中华人民共和国中央人民政府 https://www.gov.cn/xinwen/2017-12/05/content_5244492.htm（2017-12-05）.

第四章　消费文化思潮与大学生思想政治教育

第一节　消费文化的起源

消费主义文化源于二十世纪初期的欧美发达国家，随着新技术和工业化不断的进步，欧美发达国家逐渐建立起商业和贸易体制，商品开始在全球市场迅速流通，并通过大量的现代传媒广告进入寻常百姓家。消费文化根源于现代资本主义工业化大生产过程出现的多种因素（包括政治、经济、文化、环境、科技进步）共同形成的影响深远的经济文化现象，消费文化的出现，标志着资本主义社会从生产型社会向消费型社会转变。第二次世界大战之后，为了摆脱普遍的经济危机，欧美发达资本主义国家，采用凯恩斯鼓励消费的经济对策，使得消费主义和享乐主义成为西方发达资本主义国家主流的价值观，消费文化也成为资本主义再生产的强大动力，生产不断向消费领域延伸，大量的商品，琳琅满目，逐渐形成一种流行的消费时尚，那就是消费文化。消费文化应该是从现代广告开始的，当人们的生活选择不知所措时，广告引领时尚，现代商品广告改变了传统的对产品质量和特征的宣扬，而是追求一种诗意的语言，自然流畅、亲和的风格，以讲述故事的形式遮蔽商品的功能性，使得人们不再关注商品本身，而是关注商品的消费和时尚，也就是说，消费者除了关注商品的质量品质和使用功能，更多地“从商品的形象和价值感受出发，实现个人的需求与期望”。[①]特别是随着现代消费文化的日益普及和深入人心，要赢得消费者，赢得市场，商品的广告已经无处不在了，任何购物 APP，网站，商品消费的表达已不再是着重于商品本身的材质、功能和使用价值，而是更加突出符合现代人消费欲望的“幻象”，更多的挖掘时尚，注重个性化和时尚风格，更突出商品价值之外的“符号化功能”，说得简单点，就是更多关注产品的象征地位、财富和成就的消费心理符号。以此满足人们休闲娱乐，奢侈享受，审美品位等方面的消费欲望，这必然导致生活方式的消费化，满足基本生活需要的产品需求，转化为“物欲”的满足。现代

① 冯黎明主编.20 世纪欧美发达国家文化[M].高等教育出版社，2004:198.

产品不断地升级换代，就充分说明了现代生产不仅仅生产商品，还要生产物质享受、奢侈和无尽的物欲享受，加之现代媒体在传播和构建消费文化的过程中，推波助澜，使得消费文化成为影响深远的社会文化现象，成为文化现代性必须考察的重要思潮。

目前国内外很多学者开始关注消费文化的研究。法国学者让.鲍德里亚《消费社会》和《物的符号体系》等一系列的著作中，显示了他对消费文化的命名与发展，他从“物的丰盛”和“物的形式”开始，考察消费社会中人与物的关系，在现代消费社会中，最大的特征是“物对人的包围”，“它给人一种大量繁衍与热带丛林的感觉”，[①]消费文化是一种“积极的关系”，是一种“系统行为”。鲍德里亚还考察了消费的社会逻辑、“作为新生产力的征象和控制的消费”、大众传媒文化和休闲的悲剧以及丰盛社会中的混乱。他认为，消费社会是资本主义生产的一个“梦魇”，它促进了生产力“增长的恶性循环”。鲍德里亚的《消费社会》在消费文化研究领域是开创性的，他研究的是生产与消费转型带来的“物的消费现象”。

英国学者费瑟斯通把九篇论文合集为《消费文化与后现代主义》一书，把消费文化理论定义为“消费的生产”“消费方式”“消费美学、影像与快感”，同时他考察了“晚期资本主义社会变迁与体验实践”“日常生活的审美化”“生产方式与消费文化”“文化商品的经济与生活方式的社会空间”“后现代城市文化与文化资本、新贵聚居区及生活风格化”“消费文化与全球失序”等等，最为学界称道的是他在消费文化中提出了“消费梦想、影像和快感”和“日常生活审美化”的问题。他把从十九世纪以来在欧洲巴黎、伦敦、波恩、汉堡等超级大城市出现的“新式百货商店”和“商业广场”称为“梦幻世界”。比如，这些城市举行的商品交易会，为其中的消费者提供了“场面壮观的影像”、光怪陆离的“商品陈列”“含混不清的边界，以及交杂着各种各样的声音、动机、影像、人群、动物与物品的庞大而混乱的场景”，对于那些身处商品交易会进行消费的人来说，“混乱的文化场所如商品交易会、城市、贫民窟、海滨胜地，已经成为激情、欲望与缠绵悱恻的怀

① ［法］让.鲍德里亚.消费社会[M].刘富成译，南京大学出版社，2000:02.

旧之情的源泉”。这些琳琅满目的商品世界，“集合起了各种狂欢传统的要素，荟萃了种种异域风光与铺张景观之影像和仿真”，“以一种转换了的形式”，变成了一种大众的文化消费。一些中心城市的百货商店、国际国内的新型展览会、音乐咖啡厅成为大众文化消费的“梦幻世界”和“梦幻影像的源泉”。[①]

费瑟斯通把日常生活审美化作为消费文化的“现代性体验”来加以考察。他从后现代主义文化入手，讨论现代消费文化中日常生活审美化的问题。他从波德莱尔、福柯，乃至更早的孟德斯鸠、于斯曼等人的作品中，勾勒出日常生活审美化的“神奇和吸引力”，他们既关心“审美消费的生活”，同时又关心把生活塑造为“艺术与知识反文化的审美愉悦之整体中的双重性”，费瑟斯通认为，消费文化的这种“双重性”应该与一般意义上的“大众消费”、对新的生活时尚和“新感觉”以及后现代文化整体氛围中的“标新立异的生活方式”的建构联系起来，这就是消费文化的核心要素。[②]费瑟斯通在此基础上还从马克思的“商品拜物教”理论、卢卡奇、本雅明、鲍德里亚、詹明信以及法兰克福学派关于商品的社会生产的理论中得到启发，因为在现代资本主义社会，商品原有的“使用价值”在消费文化时代，逐步丧失，被商品“抽象的使用价值”所替代，这就是商品的符号化和影像化生产。在现代大城市中，巨幅美轮美奂的广告宣传，审美化的城市景观，梦幻般的商业中心，它们都通过“影像来经常地再生产人们的欲望”，所以说，在现代社会中，特别是城市中，人们面对的日常生活审美化场景已经融入一种“无数梦幻般的”“叙说着欲望的”“现实审美幻觉化”和商品影像化与规范化，日常生活以“审美的方式”呈现出来，赋予了消费文化“以史无前例的重要地位”，费瑟斯通由此认为，在现代城市生活中，艺术与日常生活的界限在消失，高雅文化与大众文化之间的“明确分野”在逐步消解，总体来看，日常生活的审美风格出现“混杂及戏谑式的符码混合”。[③]他认为，日常生活的审美化体验源自波德莱尔提出的“现代性”概念开始，时间可以追溯到十九世纪中期。

① ［英］麦克.费瑟斯通.消费文化与后现代主义[M].刘精明译，译林出版社，2000:33.
② ［英］麦克.费瑟斯通.消费文化与后现代主义[M].刘精明译，译林出版社，2000:98.
③ ［英］麦克.费瑟斯通.消费文化与后现代主义[M].刘精明译，译林出版社，2000:95,98.

如果说波德莱尔的现代性体验，还只是个体面临传统断裂时产生的“震惊”“惊惧”和“生动呈现”，在后现代性时代的人们所体验到的就是“文化体验和意指模式的转换”。如鲍德里亚的一些著述中，着重讨论了日常生活审美化的结果，即“现实世界开始”转化为“影像”。詹明信在《晚期资本主义文化逻辑》中把消费文化又称为现代化、后工业、媒体大观社会或跨国资本主义，消费文化的出现标志着一种“新型的社会生活和新的经济秩序的出现”。[①]詹明信在对晚期资本主义消费文化的考察中，认为各种形式的现代主义文化都受到五花八门的消费文化的“诱惑”或“统摄”，“矫揉造作”成为当代消费文化的主要特征，从电视剧、好莱坞电影、商品广告、汽车、各种文学艺术的“副产品”等等，美感的生产完全融入商品生产的总体性过程中，詹明信归纳出后现代社会中消费文化的五大特征：“给人一种缺乏深度的全新感觉”，“无深度感”是最为鲜明的特征，其余诸如“愈趋浅薄微弱的历史感”，历史感的消失、“精神分裂式”的文化语言的形成以及情感的消逝等文化特征，这是詹明信最有开创性的发现。

事实上，不论是鲍德里亚、费瑟斯通还是詹明信、齐美尔等西方学者，他们关于消费文化的论述与西方后工业社会的来临及其后果有着直接的关系，他们都把消费文化与资本主义后工业化时代的社会生产力、经济和大众媒介、消费时尚与购物体验、现代媒体与消费商品等等联系在一起进行多维度的考察，传统社会意义上的审美体验和意义开始逐步消失，符号与商品、符号与物的形象、物的消费与社会心理，现实与物的影像界限的消解，“梦幻影像”成为消费社会或者说消费文化的表征。鲍德里亚在《消费社会》的开篇“物的形式礼拜形式”中指出：

“今天，在我们周围，存在着一种由不断增长的物、服务和物质财富所构成的惊人的消费和丰富现象，它构成了人类自然环境中的一种根本变化。恰当地说，富裕的人们不再像过去那样受到人的包围，而是受到物的包围……我们生活在物的时代，我是说，我们根据它们的节奏和不断替代的现实而生活着，在以往所有的文明中，能够在一代一代人之后存在下来的是物，

① ［美］詹明信.晚期资本主义的文化逻辑[M].陈清侨等译，北京：生活.读书.新知三联书店 1997:399.

是经久不衰的工具或建筑物，而今天，看到物的产生、完善和消亡的却是我们自己。”①

这段话极具思考的意义，它深刻地指出了现代资本主义消费社会的基本特征。“物、服务和物质财富”的不断增长、丰富和消费带来了“自然环境”的根本变化，也可以这样理解，人们不是生活在一个自然的环境中，而是生活在被物所“包围”的环境中，原本一代一代人生存的自然环境被不断“替代”，以往所有文明存下来的“物”是经久不衰的，比如生产生活工具、用于居住或者其他重要的建筑物（房屋，寺庙，街道等等），消费社会中，人们感受到的是“物的产生”，不断增长和被消费掉的惊人现象，人们今天面对的“物”不再是“经久不衰”的，而是梦幻般的转瞬即逝的。简单地总结起来就是，人们的生存环境不再是一种自然的环境，而是一种物的环境，不是永恒的不变的，而是转瞬即逝的，其次，文明方式改变了，人们的衣食住行和生产生活方式被改变了，“现实”被不断的替代，“消亡的却是我们自己”，人类自身的生存环境的改变，最终人们的世界观、价值观都将改变，所以“我们自己”的消亡成为现代主义哲学和艺术表现最为深刻的主题。因此，这种改变不仅是社会经济结构和经济形式的转变，同时也是一种整体性的文化转变。有学者认为，就其给人类生活带来的深刻影响而言，这场转变的历史重要性甚至超过了20世纪一些最重要的历史事件：如两次世界大战、东西方之间持续数十年的冷战等等。这场转变首先发生在西方发达资本主义国家，但它并不是西方国家特有的社会和文化现象。作为今天西方文化中占支配地位的文化再生产模式，消费文化被作为西方先进的科学技术、先进的商业以及令人艳羡的西方生活方式的代表推销到世界各地，在全球化浪潮的推动下，即使我们今天置身于世界上最偏僻的角落，也能呼吸到它的气息，感受到它的影响。

① ［法］让.鲍德里亚.消费社会[M].刘富成译，南京大学出版社，2000:01.

第二节 消费文化的特征

消费文化又被一些学者定义为大众文化、流行文化、后现代文化等等，这也说明，我们在讨论消费文化的特征时，不可能面面俱到，只是抓取其中的一些大家共同认可的基本特征。

一、后现代文化特质

最早把后现代社会与消费文化带进国内学术界的应该是詹姆逊（后来有学者译为詹明信），他在1985年的北京大学比较文学研究所作了当代西方文化理论的专题演讲，后来被整理出版为《后现代主义与文化理论》，影响很大，开启了国内学术界对于后现代主义文化研究的热潮。詹姆逊是搞法国文化研究的，是西方马克思主义的文化批评家，他的演讲内容十分广泛，超越了法国和美国文化，他关注的是“世界范围内的后现代主义文化的发展”，[①]他从文化的生产方式、文化的典型形态、现代主义作品中的文化叙事方式出发，他敏锐地考察了资本主义晚期的文化生产方式已经与亚细亚的农耕文明有很大的不同，意识形态范式的结构性也改变了，他看到了现代文化的幻觉与语言的本体论的兴起。他从十个方面考察了后现代主义文化，这也奠定了后来很多学者关于后现代文化的基础。从今天的角度来看，詹姆逊对晚期资本主义文化的观察无疑是精准的，体验是深刻，达到了很高的文化批评的水平，他认为晚期资本主义已经不再是垄断资本主义阶段了，而是比“垄断资本主义更巨大的商业企业形式”，即“多国化资本主义”，技术、信息和媒介成为社会的基础，“科学技术有系统的摧毁一切传统的生产方法和社会体系”，[②]生产被“资本化”和“商品化”，不仅如此，人类的审美经验和认识活动，被商品化了。多国化资本主义是一个“新的历史阶段”，由于广告和

① ［美］詹姆逊.后现代主义与文化理论[M].唐小兵译，陕西师范大学出版社，1987：01.
② ［美］詹姆逊.后现代主义与文化理论[M].唐小兵译，陕西师范大学出版社，1987：128.

媒介，由于文化与生产和商品渗透了资本的逻辑，商品及其形象化在生产、消费甚至在艺术的审美领域都无处不在了，文化不再被定义为高雅文化，“文化已经完全大众化了”，换句话说，文化从原来的圈层扩展而出，被商品化，成为消费品，进入到人们的日常生活，这就是消费文化从诞生开始，就具有后现代文化的特征，消费文化是一种“新型文化”，这是西方学者第一次从总体性上对晚期资本主义考察得出的结论。

詹姆逊认为，后现代主义文化的形式来源于现代主义建筑和以毕加索为代表的立体主义绘画艺术。詹姆逊以瑞士建筑学家雷·柯比兹耶的建筑和毕加索的立体主义绘画为例，说明现代主义建筑不光是一种“新的风格”和“新式建筑”，而且应该有“完全不同的空间”，这种空间不需要任何的“装饰和愉悦”，任何不必要的装饰都是“病态的”，这与传统意义上的建筑形式形成了巨大的反差，被称为空间领域的一场革命，[①]因为在后现代建筑家们认为，他们不是要改造城市，而是他们本身就生活在“消费社会的城市”。这种建筑领域的新形式很快影响到包括文学艺术和审美观念在内的其他诸多领域，如以毕加索为代表的“立体主义绘画”，风格变幻不定，不拘一格，突出表现是现实对绘画的影响和作用，内容主要是工业化生产中的“变形”和“象征”的日常生活用品，充满着现实的不确定性。詹姆逊还认为，工业化时代的报刊等媒介，使得语言越来越趋于标准化，“工业化城市中日常语言的贬值”——或者说，在现代化城市媒介中，出现了工业化生产的语言，语言失去了传统意义上的丰富性，语言在现代机器化大生产中，可以成批地被生产，从而失去了活跃而富有生命力的意义，程序化的语言，陈词滥调的语言，使得人们再也无法寻找到自己的情感和生存的意义。这也是后来流行文化和大众文化产生的最深的根源，“无深度”，“平面感”，“摹仿或复制”，“形象或仿像”，“历史感的消失”，“广告与新的休闲空间”等成为我们理解消费文化的关键词。詹姆逊在后期的诸多著述中，对晚期资本主义后现代消费文化批判的逻辑建立在“资本扩张逻辑”的基础之上，因为所有商品的生产与消费都深深渗透了文化消费的事实，詹姆逊就是抓住消费文化的脉

① ［美］詹姆逊.后现代主义与文化理论[M].唐小兵译，陕西师范大学出版社，1987：131.

络，考察整个资本主义商品生产、消费如何以文化的形式支配人们的日常生活，成为意识形态的幻象，正如有学者指出的那样："詹明信借助一大堆形象的拼合来透视晚期资本主义社会，透析出的是情感的消逝、欣喜若狂与自我毁灭"。①詹姆逊把消费文化理解为"一种崭新的文化形式"，并且这种崭新的文化形式与晚期资本主义出现的"新型的社会生活和新的经济秩序的出现"是密切相关的。②

消费文化带来的后现代特征，费瑟斯通在《消费文化与后现代主义》中明确指出，消费文化带来文化上的两种转向：一是消费社会的大众失去了尊严，失去了人文理想，传统大众文化的"共同性"失去了"培育和提高"，"没有甜蜜和阳光"，成为一种"非共同文化"。③大众文化对"狂欢""节日""交易会""海滨旅游"以及笑料、明星、丑角和幽默剧等的喜爱，消费文化对传统文化的"象征性颠覆与逾越"，大众对消费文化的激情与狂欢，以及由此带来的"各种直接的身体满足"。④一些学者更认同消费文化的后现代性就是消费者在消费商品时的情感快乐、消费欲望和梦幻，在消费社会中，消费本身就是目的，特别是在后现代社会中，人被卷入资本主义生产过程中，成为生产的一个环节，失去主体性，失去理性化，成为一种大众的非理性行为和表现，正如有学者指出的那样："对鲍得里亚而言，后现代性标志着这样的界线：现代化的生产及其爆发力已达到极限并开始向内转，导致了内破，吞灭了全部相关支柱、结构性差异、冲突以及矛盾，还有真理、现实"，甚至"权力"。⑤在现代消费文化中，理想被情感取代，单一的观念被多元复杂的观念取代，生产被销售所控制，以生产为导向的社会生产变成了以消费为导向了。研究欧美发达资本主义社会消费文化的学者鲍德里亚和翁贝托发现消费文化从 1945 年以来，就开始在消费和设计文化上，对现代主义进行了一次根本的修正，激进的意大利建筑团体转向概念设计，最为显在的是现代建筑，服装色彩和设计的惊世骇俗，从街头流行的亚文化服装，奇装异服，任

① 李娜.詹明信的后现代消费文化批判理论探析[J].理论界，2021（6）：84-90.

② ［美］詹姆逊.后现代主义与文化理论[M].唐小兵译，陕西师范大学出版社，1987：399.

③ ［英］麦克.费瑟斯通.消费文化与后现代主义[M].刘精明译，译林出版社，2000:197.

④ ［英］麦克.费瑟斯通.消费文化与后现代主义[M].刘精明译，译林出版社，2000:197.

⑤ ［美］斯蒂文.贝斯特.消费社会的图像和景观[J].周睿译，美术学研究 3，东南大学出版社，2014：243.

意穿搭，工业化服装生产的标准化，向个性化和情感化急剧转变。现代设计不断创设新的额外的消费需求，把消费者的情感关联及心理作为销售手段，并获得新的市场，同时还使得诸如波普艺术，迪士尼，无印良品等品牌取得成功。1977年，英国建筑评论家詹克斯出版了他的《后现代主义 建筑语言》一书，奠定了后现代主义设计理论的基石。他极力推崇后现代主义建筑及室内设计的多义性、二元性及多种可供选择的文化价值，朝着隐喻、形意、乡土和新的模糊空间等方向发展。

在消费社会中，消费本身就是目的，因此它是自我推进的，体现出个体的非理性化，消费文化中的设计，成为其后现代性的源泉，从广告和商店橱窗展示发展到对产品自身的物理以及对真实和虚拟经验的创造，都容易被后现代消费文化所接受和采纳。关于消费文化，有三种不同的观察视角，值得注意，一是西方“新马克思主义”的观点：消费文化以资本主义商品生产的扩张为前提。二是欧洲一些社会学家的观点：人们为了建立社会联系和社会区别，会以不同的方式去消费商品。三是后现代主义观点：一种关心消费时的情感快乐与梦想和欲望的观点。我们认为，消费文化的后现代性主要有三个特质：体验的变化（瞬间性）、媒体居于中心地位、设计成为消费的源泉。

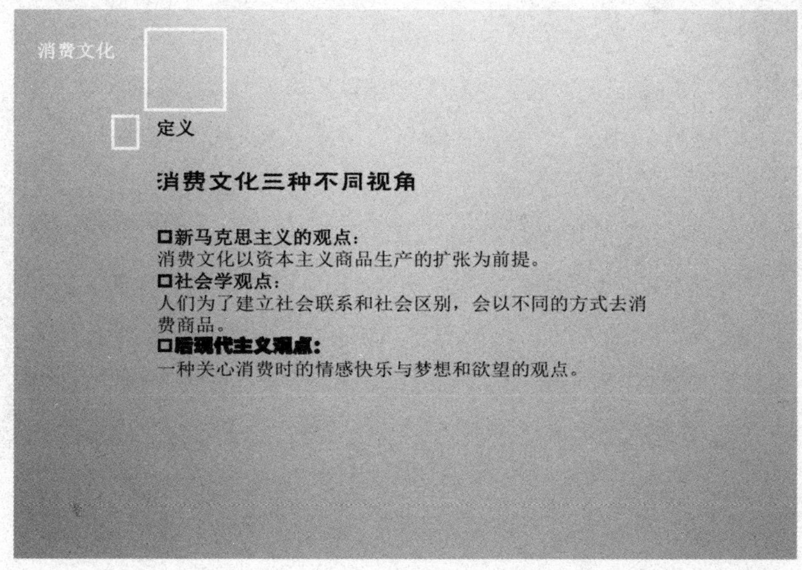

图1 消费文化的三种视角

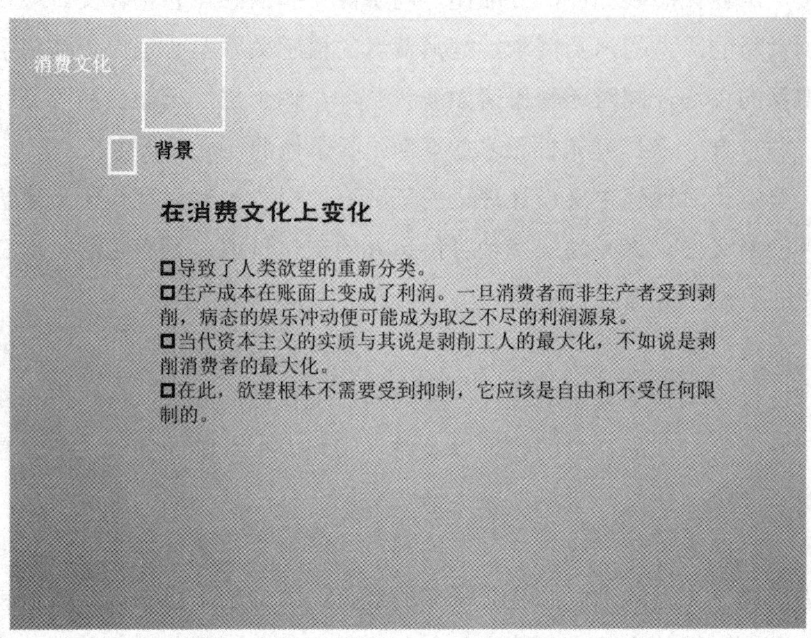

图 2　消费文化的背景发生变化

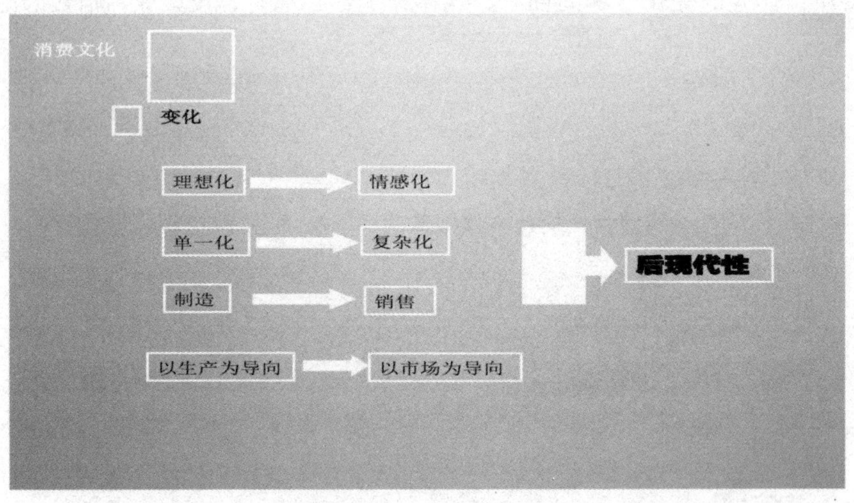

图 3　消费文化的表现（变化）

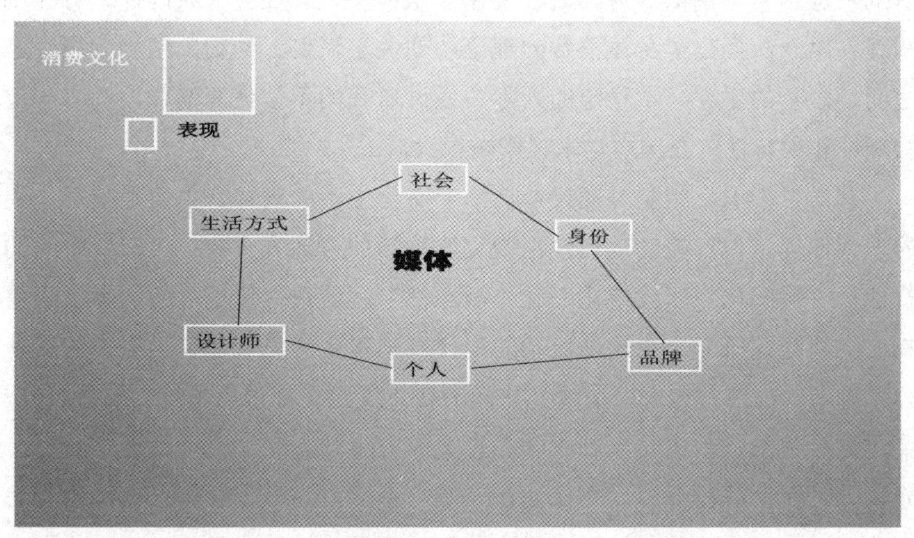

图 4　消费文化表现

如果说，现代性的本质是以人为中心的主体性，主体是活动的源泉、中心、目标，客体是主体认识的改造对象，是主体计划的质料和工具，人作为主体对客体的绝对征服，其弊端是理性的过度膨胀导致社会的畸形发展，那么，后现代性就是一种“思想风格”，它置疑客观真理、理性、同一性和客观性这样的现代主义的经典概念，质疑普遍进步或人类解放，不信任任何单一的理论框架、大叙事或终极性解释。与这些启蒙时代的规范相左，后现代性认为世界充满流动性、偶然性、没有一个坚实的基础，是多样化、不稳定的；在后现代观点看来，这个世界没有一个预定的蓝图，而是由许许多多彼此不相连的文化系统和解释系统组成。

英国社会学理论家齐格蒙特·鲍曼是把后现代社会形容为一种液体般的“流动的现代性”备受瞩目，他认为，后现代性是在现代性的“觉醒”中出现的一种理论视角，它是反观自身并且评估其力量和弱点的现代主义，后现代并不意味着对现代性的终结，意味着对现代性的怀疑和拒斥，它更加可能是一种体验，一种认知视角之外，它还代表一种成熟的社会系统，一种崭新的社会形态以及全新的生活策略。

鲍曼在《流动的现代性》一书中，对西方发达工业资本主义的政治（生活批判理论）、生活（劳动）、文化（个体性）、社会（共同性）有深刻的阐释，第一次提出了身体消费的理论，他关于消费、购物、精神分裂、虚幻空间、短暂的生存、不稳定的人际关系，自我的不信任等阐释，具有一定的新颖性和独特性，在国内学术界影响很大。

有学者指出，鲍曼对现代社会消费文化生活的阐释，主要是基于“流动的现代性理论”，流动现代性消费文化生活的表现方式有：“消费时间的短暂性”“瞬间化”“欲望化”和“循环性”。消费文化更多的内容，还需要我们继续跟踪研究，“鲍曼流动的现代性消费生活思想还包括更多的崭新内容和思考，如消费穷人、消费文化和消费主义综合征等思考。”[①]我们还应该关注鲍曼关于资本主义“沉重的和轻灵”双重状态下的“个体性”状态。鲍曼认为，在传统社会中，个体处在一个“秩序”中：他认为，秩序的意思是大致可以定义为“单一性”“稳定性”、可预见性和“重复性”。“整齐有序的世界”有且只有表现为“一个情境中，某些事情比在其他的情境中发生的可能性要大得多，而其他的事情更不可能发生，或者是根本不可能发生。有且只有在这种情况下，我们才能把这种情境称为是‘有秩序的’。”[②]

二、大众文化的属性

消费文化又可以被称为大众文化或者流行文化。美国威斯康星大学传播艺术教授约翰·费斯克（John Fiske），在大众文化研究方面备受瞩目，他的著述流传很广，包括《解读电视》《传播研究导论》《电视文化》，特别是他的《理解大众文化》受到国内外学者的注意，他从社会分析和符合解读的角度，剖析晚期资本主义的大众文化特征，在大众文化研究方面很有代表性和影响力。费斯克从“牛仔美国”现象为切入点，他对大众文化的思考从“牛仔裤”论及牛仔裤在美国流行的社会文化生活现象。一般来说，文化与商品的功能是毫不相干的，文化关注的是意义和身份问题，但牛仔裤在美国的流行却无法运用任何一种有关性别、阶级、种族等方面的理论来界定牛仔裤在

① 彭洲飞.齐格蒙特·鲍曼流动的现代性消费生活思想[J].延安大学学报，2013（6）：27-32.

② ［英］鲍曼. 流动的现代性[M].欧阳景根译，上海：上海三联书店，2002:85.

美国社会形成的流行趋势，也就是说，牛仔裤的功能无法解释牛仔裤为什么如此流行？费斯克的大众文化研究从牛仔裤的流行开始，提供了一种很好的思考大众文化的方式。费斯克认为“牛仔裤提供了一种有关日常性的表象，该表象使得穿牛仔裤者避免任何心绪或个人情感的表达——牛仔裤至少在心理学的意义上，是压抑性的。”“牛仔裤中社会差别的缺乏，使人有自由‘成为自己’”。[①]由此出发，费斯克又深度地考察了资本主义的商品与文化、身体与狂欢式快感，语言的矛盾（浅白与复杂），大众文化的“迷”也是流行文化的生产力，肥皂剧、青年发型与装扮、体育迷、科幻迷、摇滚乐等等，这些大众文化的流行与生产，都是这些“迷”创造大众文化流行的手段。他对牛仔裤广告的解读，令人寻味：

（图中的牛仔裤）经过这一广告系列，那种从西部向东部、从乡村向都市、从男性气质向女性气质、从普通向名牌的动向，也是走向个人的一种动向。在这些广告里，个人一直是消失的，留下了一块空白，有待（每一位）消费者用独一无二的个性来填补。Sergio Valente 的仔裤是“为了你的生活与爱”，它为那个幽灵一般的形象所拥有，而那形象刚刚离开仔裤，让仔裤奇迹般地变空却仍旧站立，仿佛有人在穿，邀请读者的身体通过填充那一虚空，从无意义中创造着意义。那（奇怪的）格子花呢蕴涵着传统与过去，冲撞着牛仔裤时髦的条纹与款式，但又未被抹除。自由是在这些都市化的仔裤那里，通过如下的方式而被发现的：抽身离开仔裤（有别于利维斯 505 系列），并抛弃仔裤的装饰品——束缚双足的高跟鞋、项链与镯子、表带等等（那些穿戴起来像徽章但可以随意舍弃的束缚之物）。消费者就是他们的商品，不过富于悖论色彩的是，只有当他们抛弃商品之际，他们才能成为他们自己。Zena 仔裤所有者的缺席，邀请消费者来填补她的空位（在浴室，在床榻，在爱当中）。她的商品（牛仔裤，设得兰[Shetland]羊毛衫，老而古典的暖气）正是他的成就与眼光的女性等价物。这些商品就是她能够神秘赢得之奖赏的隐喻，目的就是手段，结果就是过程。[②]

① ［英］约翰.费斯克. 理解大众文化[M].王晓珏、宋伟杰译，北京：中央编译出版社，2001：07.

② ［英］约翰.费斯克. 理解大众文化[M].王晓珏、宋伟杰译，北京：中央编译出版社，2001：20-21.

这就是晚期资本主义的商品成为文化的特有属性，“个人一直消失的”，大众文化的“消费者就是他们的商品”，费斯克深刻地指出，“大众文化必然是利用现成可用之物的一种艺术。这意味着大众文化的研究者不仅仅需要研究大众文化从中得以形成的那些文化商品，还要研究人们使用这些商品的方式。”①

早在20世纪90年代初期，学者高小康就敏锐地把当时的流行文化称为“大众的梦”，②当然那时候的流行文化还没有互联网的助力，人类的媒介化生存还没有出现，但流行文化的趋势和不可阻挡，明星崇拜与广告的魔力，图像的世界与泛视觉艺术的涌现，电视的普遍兴起与卡通艺术的“没头脑”和“不高兴”，女人的世界和充斥着各种暴力和诱惑的流行小说等等，引起了学者对流行文化的担忧和焦虑。潘知常说，大众文化一开始只是以娱乐的面目零星和“羞怯”的出现，但流行文化的到来，轻而易举地改变了这种状态：“不仅仅是武侠小说、言情小说，也不仅仅是西部片、武打片、娱乐片、爱情片、警匪片、生活片，还有令人眼花缭乱的广告、录像、流行歌曲、摇滚乐、卡拉OK、游戏机、迪斯科、劲歌狂舞，还有像袜子一样被频繁更换、忘却的流行歌星、影视明星、体育明星……几乎是渗透社会的每一个角落。与此同时，一直占据着统治地位的精英文化，则被困窘万分地挤出了世人的视野。”③我们从这里可以看到大众文化的初始形态，小说，影视剧，广告，流行音乐，歌舞，明星等等，这些初始形态的大众文化在今天仍然是流行文化的经典，只是它们的样式和形态被深深地植入到移动通信端和网络媒介上，网络小说、哔哩哔哩，抖音视频，微信视频等等，无数个APP都在分享着大众文化的饕餮盛宴。

在全球化时代的今天，消费文化在世界范围的发展和影响已无法避免，我们一方面要看清消费文化形成的时代氛围，根本特征和主要性质，一方面也要理解和研究消费文化“流行”元素，不能一味指责其盲目性和大众化特

① ［英］约翰.费斯克. 理解大众文化[M].王晓珏、宋伟杰译，北京：中央编译出版社，2001：23.

② 高小康. 大众的梦：当代趣味与流行文化[M].北京：东方出版社，1993：01.

③ 潘知常.大众的梦：当代趣味与流行文化序言[M].北京：东方出版社，1993：01.

性，因为消费文化本质上是经济社会发展的必然产物，无时无刻不在影响着生产与消费的进程。

中国当代消费文化的兴起也能说明经济社会发展带来的文化转型的丰富形式和多样化形态。中国大众文化起源于20世纪70年代末期（通常意义上讲是1978年）的改革开放。在改革开放初期（1978-1989），中国的政治经济和文化具有高度的整合性，在社会结构上，中国从整体上的农业社会向工业化社会转变，经济形态从自给自足的农业经济向有计划的商品经济过渡，经济、文化和教育开始“面向现代化，面向世界，面向未来”，国家现代化追求必然要求在科技、经济、文化等诸多方面发生新的转变。其中文化领域的变革最为耀眼，西方现代主义小说，如王蒙的意识流小说，北岛、顾城的“朦胧诗”、余华等先锋实验小说，后朦胧诗，第五代电影以及大量的西方现代主义文化思潮的涌入，正如有学者指出的：“它的精神气质在外观上是‘向前看’‘向外看’的”。[①]20世纪90年代成为中国改革开放的第二个十年，大众消费文化成为那个时代的重要的事件之一。有学者把这时期的文化分为“主导文化、精英文化和大众文化”三种类型，并采取批判的文化社会学方法，并把文化定义为“一个符号的生产和消费的过程”，并在“生产—接受”这样的模式中研究大众文化。[②]这说明中国当代学者对新出现的大众文化保持了极端的敏锐性，把中国当代文化的转向看得非常清楚，在传统文化或者说主流精英文化走向现代文化过程中，大众文化已经不仅仅限于引进港台流行歌曲、影视等文化产品，“本土的大众文化已渐臻成熟。从对港台和西方的大众文化样式和风格的模仿，逐渐转向立足本土文化的创新和发掘，中国大陆本土的大众文化产品的生产出现了空前发达的局面。”[③]20世纪90年代的文化大讨论，其中关于人文精神的讨论，就已经说明当时不少文化界的学者开始关注大众文化的品格问题，也就是说，大众文化的发展已经不可阻挡，如何发展和提升大众文化成为文化界关注的焦点。文化界更多的是从文化批评的角度，如法兰克福学派，英国伯明翰学派以及其他欧美国家的工业文化

① 张旭东.文艺文化思想领域 40 年回顾[J].东方学刊，2018（8）：22-34.

② 周宪.中国当代审美文化研究[M]，北京：北京大学出版社，1997:18.

③ 张旭东.文艺文化思想领域 40 年回顾[J].东方学刊，2018（8）：22-34.

的立场或角度观察和理解中国大众文化，这多少有些不能完全说明中国大众文化的基本特征，特别是互联网的迅速发展，当代中国的大众文化最能说明经济社会转型发展过程中，文化的基本形态和精神风貌。从电影电视、时尚杂志到服装设计，再到微信视频、抖音直播、游戏体育等等，大众文化以极为丰富的形式和内容流行起来，有学者说，大众文化之所以流行是因为它具有“普遍性”“一般性”和“渗透性”，“时装表演构成流行文化向社会渗透的最普遍和最有效的形式”，大众文化不仅仅市场化、全球化，还普遍成为市场生命力的重要源泉，“它远远超出经济生活和经济活动的领域，同时具有普遍而广泛的意义”，从而成为无所不在的“政治经济文化力量”。[①]

在当代中国的学术文化语境中，消费文化引发的讨论已经与视觉文化景观、中国社会转型发展、媒介化存在、商业文化、生产与生活方式的转变等各种复杂的文化现象交织在一起，在不同的研究领域和思想观念中，被频繁地考察和使用。事实上，消费文化的大众化形式，不论是在鲍德里亚的消费社会理论，戈夫曼的日常生活理论，还是利奥塔的后现代主义理论，以及21世纪以来出现的各种文化论争来看，都与消费文化提出来的社会文化问题有着密切的关联。当代中国，消费文化从形成时间上看，它是20世纪90年代以来的经济社会发展和现代社会转型之后形成的不可或缺的文化现象，“是当代社会生活中的一种具有最广泛民众基础的文化形态”，[②]特别是它与现代新兴传媒的融合，形成数字化和网络化，不断地渗透和深度参与到大众的日常生活中，它逐渐成为21世纪经济社会文化发展的一个标识印记，一种文化发展趋势，成为一种全新的文化形态。学者高宣扬指出：“它不但典型而全面地显示了20世纪社会文化发展的新特点，也预示着21世纪整个文化发展的趋势”，在这种情况下，研究和考察消费文化的流行趋势、“多重特征及结构”，“群众性和日常生活性”、媒介化和非理性特征等等，具有重要的意义。当代西方最为重要的思想家如胡塞尔、维特根斯坦、西美尔、丹尼·贝尔、利奥塔、詹姆逊等等，他们很早就认识到消费文化对于社会生产和生活

① 高宣扬.流行文化社会学[M].北京：中国人民大学出版社，2015:01-02.

② 李健.形象及其隐喻：当代大众文化的视觉建构[M].北京：生活·读书·新知三联书店，2022:07.

的重要影响，“在当代西方文化和生活方式的全球化过程中，流行文化又成为最活跃的力量和酵母，通过媒体和各种大众传播的中介渗透到世界的各个角落，改造和更新各国社会的基本结构以及人们的基本心态和生活方式”，[①]影响极为深远。根据学者的研究，消费文化的大众化或流行趋势，为消费文化提供了更为深刻的内涵，如消费文化的社会学意义，消费文化的全球化问题，消费文化的技术化特征，流行服装与美食文化，消费文化与都市奢侈文化、消费文化的社会心理学等等，可以说，消费文化的大众化和流行趋势，越来越成为跨学科需要研究的消费文化社会学。

消费文化的其他重要特征，诸如消费文化的“幻像”特征，就要涉及现代视觉文化研究的领域。费瑟斯通在《后现代性主义与消费文化》中就提出了消费文化的“情感快乐及梦想与欲望”等问题和日常生活“审美化”问题，也即是生活在大都市的人们，生活在“物”的包围中，而这个“物”是由于商业文化的影像激发出来的消费梦想或幻想，它与大众消费对“新品味”“新感觉”追求和“标新立异的生活方式的建构”联系起来，[②]这种消费梦想和幻像充斥着社会日常生活的每一个角落。在现代大都市，琳琅满目、光彩照人的购物超市，巨幅华美的广告宣传和城市景观，通过影像不断激发或再生产人们的消费欲望，并使现实世界梦幻般地唯美化和非现实化，德波把这样的消费文化的影像世界称为“景观社会”，鲍德里亚在《消费社会》中认为，消费社会不断增长的物的丰富性造成了“自然环境的根本变化”，以至于把我们推向了一个全新的社会，真实的世界成为影像的世界，二者的界限消失了，消费文化中，商品以艺术的形式向人们展示一个仿真的世界，一种“形象的文化”，一种非现实的景观文化。鲍德里亚对消费文化的影像化表现出深刻的焦虑和批判，它“使人变成了符号和物品的鬼魂”，从而人自身被彻底的异化。鲍德里亚认为，消费社会是资本符号的产物，必然也是“彻底异化”的社会：“商品的逻辑得到了普及，如今不仅支配着劳动进程和物质产品，而且支配着整个文化、性欲、人际关系，以至个体的幻象和冲动”，“消费并不是普罗米修斯式的，而是享乐主义的、逆退的。它的过程不再是劳动

① 高宣扬.流行文化社会学[M].北京：中国人民大学出版社，2015:01-02.

② [英]迈克·费瑟斯通.后现代主义与消费文化[M].刘精明译，南京：译林出版社，2000:98.

和超越的过程，而是吸收符号及被符号吸收的过程。”[①]鲍德里亚强调消费文化的“超现实”和“幻像”，在后工业化的资本主义社会，商品的实在意义逐渐消失，“消费幻像”成为本质性力量，人们的消费购物，不是因为需要，而是因为广告中的幻像，“以消费为核心的所有中介物，像资本、商品以及交易模式等都会进入我们的主体意识，并影响我们的主体情感。”[②]鲍德里亚的消费社会理论还有丰富的内容，涉及整个资本主义社会的政治、经济和文化领域，触及了资本主义社会和文化的最深层的本质。

① ［法］鲍德里亚.消费社会[M].刘成富等译，南京：南京大学出版社，2000:224-225.
② 朱其.鲍德里亚理论对于消费文化研究的意义[J].美术学，2003（12）.

第三节　消费文化思潮与大学生思想政治教育

当今世界，人类不但进入了信息社会，“媒介化生存”成为现实，人类越来越依赖互联网，“网民”名副其实，同时，人类也进入了消费社会，人类对物质的满足不是因为需要，而是消费欲望，“在一个消费占据主导地位的社会中，消费者完全堕入到符号的商品和欲望链中，没有了反抗意识，被物品所具有的符号意义所诱惑，符号‘代码’取代物品成为区分消费，并进而成为区分人的标志，整个社会是一个由符号来控制的物体系。”①在现代社会，消费文化和媒介社会的深度融合，引发很多学者的忧虑，“异化”成为我们警惕的一个重要的关键性概念。过度依赖互联网和沉浸消费文化生活中的人，很容易被异化，事实上，今天的人们越来越离不开互联网，离不开消费文化的整体的社会语境，不论是生产和消费，购物休闲、旅途交往等等，都离不开手机等媒介，离不开消费广告，这对今天的青年大学生来说，是必须警惕和防范的。

一、正确认识消费文化语境中的“互联网+”

随着媒介技术的不断变革，为人们提供的消费文化的内容越来越丰富，购物、咨询、游戏娱乐，流行时装与音乐，艺术品与汽车等，无不在人们的日常生活中流行。不可否认，根据一项调查数据显示，60%的大学生平均每天上网的时间大约 4 小时，他们大多数人都是浏览网页，看视频和购物。网络已成为当代大学生学习、生活、休闲娱乐的主要方式。据《光明日报》2021 年的统计，QQ、微信、贴吧、论坛等成为大学生社交活动的主要平台，“互联网+”成为消费文化时代的新使用频率较高的词汇，“智能手机+移动互联网”带来了大学生“价值取向多元化”，使得大学生“社交网络的多元化发

① 聂媛媛.朱高林.鲍德里亚消费社会理论的批判性及其反思[N].中国社会科学报，2022 年 3 月 23 日第 010 版.

展趋向不断延伸”，“智能手机+互联网”的优势非常明显，成为大学生消费文化语境不可或缺的生活与交流的工具：它“融合了音频、视频、图解、H5、小程序等多样形式，突破了地域的壁垒和时间的限制，通过对用户点对点的精准推送，满足受众‘快餐式’的信息接收需求。同时，社交网络的转发、评论、点赞、分享等互动功能，能够建立起一对一、一对多、多对一、多对多的多重沟通反馈渠道，实现‘自上而下’‘自下而上’的双向互动，使受众从单向的接受者成为双向的参与者，因而社交网络成了大学生展现自我的重要平台。”[①]被关注和参与代入感，使得不少大学生热衷于网络点赞和评论，从而获得自我价值和自我满足。他们对移动互联网的依赖程度越来越深，大学校园的“低头族”越来越把日常生活的线下交往转化为线上互动，“宅”在家里变成了“宅”在网上，“躺”在网络世界里。不但如此，学校和班级的工作通知，课程要求，作业，活动等等，也基本上依靠微信，钉钉，QQ 传达，一方面，互联网确实带来了极大的便利和快捷，这点毋庸置疑，拥抱互联网已经成为大学生创新产业的必然选择，不论是咨询、答疑解惑、交往或者是外出旅游，互联网成为第一选择，“问度娘”成为必备的技能。另一方面，大学生对网络的依赖程度令人担忧，上网花费了他们课余生活的大部分时间，离不开网络和手机，丢掉手机就丢魂的现象成为现实，由此带来的心理和生活的“异化”不容忽视。不少学者对此深表忧虑，当读书变成了上网，当游戏成为打发时间，成为业余的主要休闲内容时，手机和互联网就会显露出他们深藏不露的惰性，成为一种“异己的力量”，控制人的意识和行为，麻醉人的精神意志，成为互联网时代的麻醉剂和毒品，让一部分青年大学生沉沦，无节制地纵情于网络，变得“社恐”，不敢面对面交流，甚至跟父母的交流也只是通过简单的短消息或者视频对话，失去深度交流的能力，有一部分青年大学生不敢在现实世界展现自我，不敢创新创业，因此无法有效支配自己的课余时间，缺乏观察力和判断力，失去了真正的自我，没有真正的快乐。

必须引导当代青年大学生正确认识和使用网络。一方面必须承认网络世

① 王颖等.怎样看到大学生徜徉社交网络[N].光明日报，2021 年 11 月 02 日 15 版.

界确实带来了前所未有的新体验，拥抱互联网，“互联网+”是大学生创新创业的重要平台和舞台，但不是唯一的平台和舞台，世界无比广阔，要提升青年大学生的人生境界和创新能力，不能完全依赖物联网，还必须让他们走进现实生活，走到人民群众中去，走到实验室去，创新的源泉在于社会生活，互联网可能会给我们创意，但创新实践才是硬道理；另一方面，要引导他们警惕网络犯罪，公安部每年开展的“净网”专项行动，提倡文明上网，绿色网络，对各种利用网络犯罪和网络乱象持续开展打击，“净网 2022”就专门针对网络黑灰产和各种网络犯罪，开展行动，“净网 2023”就对网络诈骗和组织考试作弊等网络犯罪，重拳出击。当代大学生要清楚地知道，网络不是法外之地，每年都有一些大学生禁不起诱惑，上当受骗，还有一些参与诈骗和违法犯罪活动，所以在消费文化语境中，要坚守理想信念，要有基本的判断力和思考力，更要有利用“互联网+”的舞台开展创新创业活动，赢得精彩人生。

二、全面警惕消费文化对人的“异化”

《光明日报》文化产业研究中心曾经对北京、上海、武汉等地的在校大学生进行了文化消费方式问卷调查，对大学生文化消费的类型分为读书占比 38%、电影占比 36%、电视剧和音乐占比 20%。其中视频网站观看占比 56%，这是 2015 年的问卷调查。[①]根据高校学生工作的有关研究，目前国内大学生的消费文化主要体现在日常生活用品、学习阅读、饮食和服装文化的消费，物质消费和精神消费大体相当，分别占比 57%和 43%。一项针对苏州市大学生消费行为的调查研究表明，“2020 年，苏州大学生总人数达到 26.32 万人，大学生消费观念独立，消费意愿强烈，消费规模可观，消费潜力巨大。”[②]数据显示，女大学生用于游戏娱乐支出占比高达 60%，网课费用支出占比 55.4%。在饮食方面，选择网络外卖就餐占比达 41.51%，选择网络购物占比为 70.75%，

① 刘晨.刘伟. “互联网+”时代大学生如何消费文化[N].光明日报，2015 年 3 月 26 日第 14 版.

② 林丹等.苏州市大学生消费行为的调查研究[J].商场现代化，2023:(7):17-19.

线上消费达64.15%。大学生是一个特殊的消费群体，知乎上对当代大学生消费现状的讨论颇有意思，如1000元可以花，但10元必须省；买买买，我离乔丹只差一双鞋的距离。40%的大学生开通了花呗为支付首选，90%的大学生对时尚和名牌持认同态度，消费文化对大学生的影响可以说已经无处不在了，大学生的消费现状很大程度上可以看出大学生群体的消费理念、习惯和价值取向。当然，他们的消费有一定的特殊性和独特性，会受到消费社会的影响，也会受到家庭经济状况和自身个性爱好等因素的影响。

当代大学生要防范西方流行文化的影响。按照鲍德里亚的理论，消费文化是消费者为自己的消费行为寻找确立自身意义的文化，是刺激和制造大众消费欲望和消费幻想的文化，消费不是因为实用需要的目的，而是不断满足新的消费欲望的过程。特别是在现代资本主义社会，广告媒介不断在资本和商品文化上制造新的欲望，并潜移默化地影响大众的消费心理、消费趣味和消费方式。人被大量的丰盛的物的幻像包围，并为物所奴役。媒介社会的广告，往往以明星代言，塑造偶像，如时装以模特来展示身材和气质，体育明星代言体育用品，无不向消费者展示时尚的魔力。再比如，一些奢侈品广告词，凸显浪漫、爱情、品位、个人价值和青春。香奈儿的广告词“每个女孩子都该做到两点：有品位并且光芒四射”，劳力士广告词“从未改变世界，只是把那留给戴它的人”，法国著名奢侈品牌迪奥真我香水广告词“纤弱获得力量，花瓣生成芬芳，如同一抹灿烂的流金滴落你渴望的双手，浑然天成，尽情释放。”BUCCELLATI（布契拉提）珠宝的广告词“文艺复兴艺术光彩的简洁美，赢得了全世界皇室的青睐。”戴比尔斯都是钻石广告词“钻石恒久远，一颗永流传。”从这些充满诗意和美好的广告词里面，潜在地告诉消费者，拥有这些商品，就能获得品位并且光芒四射，就有花瓣一样的芬芳，就能获得钻石一样久远的爱情。广告是消费文化的重要组成部分，也是资本主义商品文化的生命力基础，消费文化与媒介广告相互依存，消费文化依靠媒介及其广告推波助澜，媒介及其广告也潜入消费文化而获得生存和发展。媒介广告就是以不断重复的方式，在大数据时代更是以精准推送的方式，无孔不入，无时无刻不在，只要你打开网络，打开任何一家购物网站或者APP，首先扑面而来的就是商品广告。消费文化中的广告在表现商品的时候，隐去了商品的实用的使用价值，用光彩照人的模特或明星代言，特别注重消费者在选择或者购买时的心理体验或情感记忆，消费者注重的是它的品牌和如梦般的外在特征，很容易被商品的外在品质所诱惑，消费文化就在无形之中直接进入消费者的内心世界，所以说，现代消费文化早已超出了单一的经济范畴，通过资本的生产与消费、媒介传播、现代商业运作与包装、消费文化及其意识形态再生产、大数据运用和日常生活审美化等手段，越来越隐蔽而曲折的途径和策略，潜移默化地传递给消费者和大众。

研究消费文化的学者普遍认为，西方消费文化由于媒介的广泛参与，而成为人的“异化”，消费文化成为符号和形象的消费，也即是说，在现代资本主义社会，消费文化的本质不再是人的物质需要的满足，而是不断刺激和生产人的无穷无尽的“欲望”的需要，并被大众媒介传播推广，成为一种文化的共识。比如在好莱坞电影中，不断出现的豪宅、名车、名模、奢侈品等，这种宣扬享乐消费文化的生活方式，极大地刺激和塑造了大众的消费体验和消费心理。而实际上，任何商品的文化宣传或者说形象建构和商品本身的实用价值没有必然的联系。商品被消费文化精心设计的广告审美化、图像化、情感化，科技化，甚至梦幻化，就连日常生活的婴儿奶粉、鞋子、饮料、肥皂、洗衣粉等，都与明星和科技结合起来，采用令人炫目的方式，被大众媒体不断传播，赋予商品以崭新的文化意义。例如飞鹤奶粉，就请明星章子怡代言，章子怡那句超级暖心的广告词“飞鹤奶粉，更适合中国宝宝体质”，赋予了飞鹤奶粉心理的、文化的、明星的消费，使得很多奶妈产生消费认同。很多日常生活商品，特别是奢侈品和必需品不断借助媒介，借助文化创意，明星代言，从而使得消费者完全丧失辨别力，不假思索地选择购买，这既是消费的异化，也是思维的异化。

法兰克福学派对大众文化理论就把资本主义的“发达工业化社会”称为最为“病态的社会”，物质生活虽然提高了，但人的精神生活（自由、创造性和人性）受到了严重的异化和摧残，特别是资本对商品文化的深度介入，以及计算机、互联网为基础的现代科学技术的应用，消费文化对社会大众已达到了全面的统治。从商品生产到消费，从政治到经济，从大众到全部私人生活，无不被媒介文化和消费文化渗透和侵入。现代人无论处于何时何地，只要网络能够覆盖，都无法不受到电子报刊、新闻媒介，网站以及各种广告消费的渗透和控制，就连中小学校使用的作业帮、班级小管家等都有广告的支持，从更大范围来看，特别是大数据的广泛运用，个人消费迎来了全新的购物体验和物联网信息，科学技术的双刃剑显现出狰狞的面容，个人失去了独立自由的购物选择，被大数据精准推送和计算的各种数据，让你别无选择，个人成为“网洋大海”中微不足道的一分子，正如阿多诺对资本主义工业化批评的那样，个人完全失去了自由的本质，沦为机器的一部分，法兰克福学派对大众文化的批判，至今都是令人警醒的。

三、高度重视当代青年大学生的价值观、人生观和消费观建设

在当代，随着计算机、互联网和移动技术的不断创新和广泛运用，技术和以技术为核心的新的文化类型，包括消费文化、媒介文化、流行文化，特别是新的交流方式的变革，都不可避免地改变了人类生存的大背景，也就是说，我们赖以生存的环境已经不单单是传统意义上的自然世界和伦理世界，特别是在人类的精神领域，思维方式、审美观念、人生价值、思想消费观等等，都必须面临后工业化、消费文化、媒介文化以及跨国资本主义的挑战，詹姆逊称之为“新的社会”的挑战。在西方，以福柯和德里达为代表的解构主义哲学思潮，对现代主义文化整体上进行了颠覆式消解和彻底的批判，以消费文化和大众文化为主的后现代主义，对当代大学生的价值观和人生观带来很大的冲击和消解。消费文化固然有它自己的属性和本质特征，但它必然与资本和现代媒介文化及其传播机制连接在一起，裹挟社会时尚、流行趣味、社会思潮等，以此来赢得消费市场，有学者指出：“资本权力渗透到生活的方方面面，从日常生活的审美到后现代城市建筑，美感的生产已经完全沦为商品生产的附属品。”[①]事实上，消费文化的兴起，一方面虚化了商品的实用本质特征，以虚幻的形式，主要在视觉上，弱化人的思考和创造能力，或者说，根本不需要人的思考，也不关心人的生存价值，以单调重复和梦幻光影，弱化甚至异化人的审美观、价值观和消费观。

① 李娜.詹明信的后现代消费文化批判理论探析[J].理论界，2021（6）：84-89.

西方消费文化价值观是建立在资本逻辑基础之上的，与整个资本主义的生产方式密切相关，资本主义形成的消费文化及其特征只能用市场的逻辑来解释。齐格蒙特·鲍曼认为，现代社会已经从“生产者社会”向“消费者社会”转变，工业化社会中，生产决定消费，生产出什么样的社会产品，是根据产品的功能来确定的，但到了消费社会，生产什么样的产品，是由商品功能与消费欲望的递进升级，相互刺激决定的，比如现代的产品不断换代升级，就是通过不断增加产品的功能，刺激消费者的消费欲望，“一方面，是产品制造者不断开发新技术、创造新物品、引导新市场；另一方面，是消费者不断提出新的消费诉求，形成新的购买方向。二者交互作用，整个社会便开展了一场以新颖物品的消费、使用为中心内涵的时尚化运动。每一个个体都不由自主地被时尚卷入到一个漫无止境的消费潮流之中。现代主义艺术文化中的那种反抗经典、背弃传统、趋时创新的风格，正是消费社会中文化受消费化生活方式影响的结果。”[①]这是一个基本的事实，但还有两个重要的因素毫无疑问也推动了消费文化的形成，一是资本逻辑，二是广告传媒的推波助澜。所以，在消费文化语境中，人们很容易形成影响的焦虑，互相攀比，炫富，这滋生了青少年恶劣消费风气的资本。有学者指出：“当代消费社会成功地把人们变为消费者，消费成了一种义务和责任，人们的生活完全陷入了对消费欲望的追逐之中，购物演变成上瘾行为，无法自拔。”[②]所以，在资本主义晚期形成的消费社会，完全颠倒了生产与消费、价值与使用价值、功能与生活需要之间的关系，追求品牌和时尚，追求商品的视觉化和符号化，消费异化对人的生存方式和生活方式产生多方面的影响，符合市场逻辑的资本市场和媒介文化的精准助推，使得消费者从物的消费到符号的消费，充斥着欲望的无限满足和“消费者被难以逾越的消费欲望的霸权所统治”，在后现代社会为主体的消费社会中，“欲望是一切流动性和不确定的根本原因。流动的后现代性中的消费方式并没有带来安全和满足，而是越来越大的困惑与焦虑，

① 冯黎明主编.20世纪欧美文化[M].北京：高等教育出版社，2004:08.

② 穆宝清.后现代社会与消费主义：鲍曼对消费文化“综合征”的一种解读[J].齐鲁学刊，2013（5）.

传统的价值观和美德也逐渐消失殆尽”[①]。

齐格蒙特·鲍曼关于消费文化的特征值得我们注意和警惕，他认为，现代社会就是以消费文化为主导的，人们从社会的生产者变成了消费者，消费生活和消费态度已经深入到整个社会的生产方式和人的思维方式，消费既不是因为生活需要，也不仅仅是追求个性表达的方式，而是来自个人和社会的“欲望”，“它所要满足的不是需要，而是欲求。欲求超过了生理本能，进入心理层次，它因而是无限的要求。”[②]在消费文化中，这种消费欲求，会通过无止境的购物消费和符号消费，来确定消费者的社会地位和满足其个性追求，换句话说，消费者对某种商品的消费，完全不是在使用商品，而是在展示身份地位，如品牌汽车、名牌奢侈品等，消费者在心理层面上获得巨大的尊严、自由和符号化的身份地位等精神层面的符号意义，很多时候还成为展示和炫耀身份地位、财富和虚荣心的畸形消费观念。所以我们在大学生思想政治工作中，要特别警惕当代大学生的炫富和超前消费，不满足现有的物质生活需要，沉浸在广告媒体所制造的消费幻像中，相信一夜暴富，甚至在网络世界中，相信各种免费广告，从而丢掉了传统的勤俭节约的美德，失去现实生活的判断力，上当受骗。这几年不断攀升的大学生网络诈骗和网络高额信贷，都毫无疑问地指向了大学生的消费文化观，他们分不清网络虚拟和现实生活的关系，沉浸在媒介文化制造的各种消费欲望中，在疯狂购物中得到心理的满足和快乐。所以，高度重视当代青年大学生的价值观、人生观和消费观建设成为当代大学生思想政治工作的迫切任务。

四、当代大学生消费文化观建设的路径

对当代青年大学生而言，正确的消费文化观建设既重要又紧迫。一方面要肯定物质文化的极大丰富，满足了人民对美好生活的愿望，对美的生活的

① 穆宝清.后现代社会与消费主义：鲍曼对消费文化“综合征”的一种解读[J].齐鲁学刊，2013（5）.

② ［美］丹尼尔·贝尔.晚期资本主义的文化矛盾[M].赵一凡译.北京：生活.读书.新知三联书店出版社，1989:68.

追求值得肯定，对层出不穷的文化商品的创新发展，也值得青年大学生去观察和思考，从中获得专业学习的启发。同时另一方面，我们要鼓励大学生学会适度消费，树立正确的消费文化观，要对不良的消费文化现象从心理上找到精准定位，要从心理上找到从消费文化幻象中解脱出来的批判道路。要对消费文化的负面影响有判断能力和批判能力。在日常生活中，要从手机和网络世界中解脱出来，从低头族变成抬头族，在不超出自身家庭经济能力的情况下，满足自身对美好生活的追求和向往，从实际出发，从生活需要出发，克服各种攀比心理和控制自己的消费欲望，在消费中，抵制消费诱惑，不能被物异化，要追求身心愉悦，要有自己的主见，不去追求高消费，要有正确的消费观和人生观，不摆谱，不追星，崇尚科学，懂得现代媒介社会的宣传广告，摆脱低级趣味，努力建构健康和积极的世界观和人生观，通过不断的努力去改变自身的社会地位和实现自身的人生价值。有学者对当代青年大学生的消费文化观建设提出要遵从“以人为本”的原则，“以理服人”，从破除当代大学生消费文化中的“生态伦理困境”“社会伦理困境”和“个体伦理困境”出发，从而引导新时代大学生树立“可持续的理性消费原则”和“公平共享的正义消费观念”。[①]其中涉及唤醒大学生内在的主体意识和批判意识，要对马克思主义关于资本主义生产和劳动的“异化”做持久的深入学习，要对现代媒介文化中的“单面人”和“虚拟人”有清晰的认识，以大学生的全面发展为内核，真正让他们认识到现代生活高速增长的物质财富与人对美好生活的愿望与追求不是矛盾的，不是对立的，物质世界的丰富是对人的全面发展的支持和帮助，而不是掏空人的主体，掏空人的情感，从而使人处于“有根”和稳定宁静的心理状态，从而满足人的真实生活需要。

营造良好校园消费环境和开展反对奢侈浪费的主题教育活动也是大学生消费文化观教育的重要途径。良好的校园文化环境对于大学生的成长和成才具有不可低估的影响。校园文化建设是高校人才培养的重要内容，在校园文化建设中，增加传统文化美德的内容，倡导勤俭节约、爱惜粮食，珍惜食物和美好事物应该成为大学生消费文化观教育的主题内容。党和国家领导人非

① 刘秦，李卫朝.大学生思想政治教育中消费主义批判的三个维度[J].山西高等学校社会科学学报，2023（1）.

常重视勤俭节约，艰苦奋斗。中国共产党能够从弱到强，能够领导中华民族从一个胜利走向另一个胜利，在实现民族复兴的伟大征程中，一个重要的法宝就是以俭反腐，不断发扬艰苦奋斗的精神。在党史学习教育中，我们的校园文化要展示中国共产党的奋斗历程，一代代的党和国家领导人，他们都是勤俭节约的典范，他们用赤诚的理想信念，提倡节约、反对浪费，并把贪图享乐与腐败思想联系起来。在革命年代，以毛泽东为代表的党的领导人，以身作则，对一切可以节约的办公用品，包括灯油费，杂费、吃饭等，能省即可省，在斯诺《红星照耀中国》一书中，大量的事实和细节，都说明他们勤俭节约的精神品质和不贪图个人享乐的人格情操。毛泽东主席说，贪污和浪费是极大的罪。新中国成立以来，勤俭节约和反对浪费一直是我们党勤政为民的定海神针。不管是社会主义革命和建设以及改革开放以来的各个历史时期，我们党“将奢侈浪费当作腐化的表现，将艰苦奋斗和勤俭节约当作反腐倡廉的重要措施”。[①]党的十八大以来，我们党把“享乐主义和奢靡之风”与官僚主义、形式主义并列“四风”，给予极大地反对并一直作为党的纪律加以执行。“享乐主义和奢靡之风”被认为是党员干部精神倦怠、脱离群众、消极腐败的不正之风。习近平总书记对奢侈浪费现象提出过严厉批评，对部分党员干部追求物质享受，贪图享乐提出了严肃批评，他多次重温毛泽东在七届二中全会上提出的“两个务必”，把继续保持艰苦奋斗的精神和反对奢侈浪费作为习近平新时代中国特色社会主义思想的重要内容，他要求共产党人一定要勤俭节约，以俭养德，要狠刹浪费之风，要在全社会牢固树立节约光荣、浪费可耻的思想观念，要加大宣传力度，让反对浪费之风在全社会蔚然成风。习近平总书记在十八届中央纪委二次全会上再次强调要坚持“勤俭办一切事业”，坚决反对“讲排场比阔气”，坚决抵制“享乐主义和奢靡之风”。习近平总书记关于节约办事、反对浪费之风的讲话精神是我们当代青年大学生消费观教育的主题。校园文化环境建设要加大和持续宣传勤俭节约，反对浪费。我们今天部分大学生的浪费现象是十分可怕的，从食堂剩饭剩菜的现象、从日常消费攀比、从“躺平”不追求进步等情况来看，贪图享乐不

① 王传利.以俭克腐：百年大党风貌正茂的宝贵经验[J].毛泽东邓小平理论研究，2023（3）.

愿意艰苦奋斗，“躺平”“摆烂”等现象还很严重，必须把勤俭节约、反对浪费、反对享乐主义作为当代大学生思想政治教育的重要内容，要让当代大学生深刻认识到我们党领导全国各族人民在不同历史时期，能够取得巨大成就，与我们党的艰苦奋斗精神，与我们党勤俭建国，勤俭办事优良的传统是分不开的。大力宣传并让新时代大学生深刻领悟勤俭节约、反对浪费对于他们的人生观和价值观至关重要。

举办勤俭节约、反对浪费为主题的校园文化活动，可以有各种各样的形式和内容。比如“三下乡志愿服务活动”，就可以让大学生走近老百姓的生活，特别是城市青年大学生，让他们了解粮食的珍贵和来之不易，一粥一饭需要珍惜。让他们亲身感受到勤俭劳动的意义，每年通过各种志愿活动，让青年大学生走出手机网络世界，到真实的现实世界中去了解和感受生活，从思想到灵魂深处，理解勤俭节约与反对浪费的丰富内涵，从而树立起正确的消费观、人生观和世界观。讲故事也是主题教育最好的例子，中国历史上勤俭节约和奢靡浪费的故事很多，后果显然不同，习近平总书记就曾经大量引用古语古训来警示党员干部，他讲述南北朝陈国皇帝陈叔宝和唐玄宗后期的奢靡之风的故事，他引用唐代诗人李商隐、杜牧等的诗句“成由勤俭败由奢”和“阿旁宫”的故事告诫党员干部，奢侈浪费要坚决杜绝，能否保持艰苦奋斗的作风，能否旗帜鲜明的反对奢靡浪费是“关系党和人民事业兴衰成败的大事”。高校思想政治工作要充分利用互联网、手机等媒介工具，图文并茂、旗帜鲜明、生动有趣讲述勤俭节约的美德故事，在校内外形成良好的消费舆论导向，使“艰苦奋斗，勤俭节约、反对浪费”的传统美德从大学生的日常生活养成做起，成为校园文化的主流，成为大家推崇的美德，从而自觉抵制享乐主义和消费文化的不正之风，树立文化自信，增强民族自豪感和自信心。

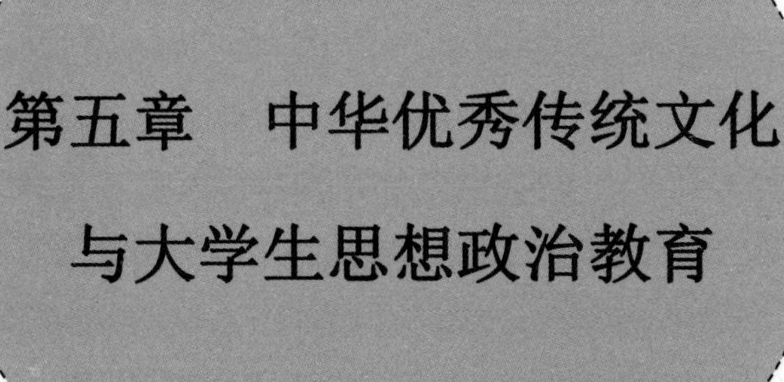

第五章　中华优秀传统文化与大学生思想政治教育

第一节　中华优秀传统文化概述

中华民族有着最为深厚的文化沉淀和精神追求，中华文化博大精深、绵延五千年而不绝，不断焕发出新的活力和不竭的创造动力，这在世界文化史上是绝无仅有的。习近平总书记指出，传统文化根植于中华民族文化的沃土，要挖掘其中的“思想观念”“人文精神”“道德规范”，学习和掌握其中的各种“思想精华”，对树立正确的世界观、人生观、价值观很有益处。

中华传统文化发源于农耕文明，从传说中的伏羲、神农时代，在南北广阔的区域内所发掘的文化遗址来看，距今一万年前，中华农耕文明就开始传播了。农业社会中，人们遵循人与自然的和谐，“日出而作，日落而息”，顺应季节变化，按照季节播种和收获，春夏秋天，不同的季节收获不同的食物，接受自然的馈赠。中华传统文化顺应自然，尊重自然，利用自然，而不是征服自然，掠夺自然。中国古代饮食文化、建筑文化、科学技术和文学艺术作品，都体现出人与自然和谐共生的思想内核。著名的都江堰水利工程，就是一个利用自然、顺应自然的典范杰作。中国古代传统民居、寺庙建筑和园林设计，都十分讲究天地人之间和谐共存关系。在人与自然的关系上，《周易》具有开创性，它是中华传统文化的重要原典，被尊为六经之首，是中华传统文化自然哲学和人文实践的理论结晶，它奠定了中华传统文化的直观、理性和辩证的思维方式，儒家倡导的“赞天地之化育”，道家主张“与天地并生，与万物为一”，都体现人与自然的合一，而不是摆脱、凌驾或征服自然的思维方式，这是中华传统文化最基本的内核。人与自然和谐共生的思想观念，是中华传统文化不断创新和丰富发展的根本性特征。中国古代瓷器、餐具筷子、雕刻、建筑、文学艺术、天文历法、医药、服饰以及派生出来的礼仪文化，无不显示出中华传统文化在人与自然问题上的深邃思考和生生不息的生命源泉。

在人与人、人与社会的关系问题上，中华传统文化更是体现出以人为本，重视人的道德修养，注重人与人、人与社会的和谐相处。中华传统文化以家族血缘关系为纽带，“家”是中华传统文化的至为重要的要素，“家”对中国人具有特殊的意义。中华传统文化中的伦理道德“仁、义、礼、智、信”就是从家文化延伸出来的。比如孔子讲“仁”，对于什么是“仁”，孔子没有明白的界定，孔子认为，一个人生于父母，所以首先爱父母，生活在一个家庭家族中，所以应该爱兄弟姊妹，爱朋友，爱天地万物，这就是“仁”，“仁”就是“爱”，所以孔子关于“仁爱”的伦理是从家推演出来的。在中国传统文化的文化体系中，人不是孤立的个人，人处在“家”或以家族为群体的关系链中，在古代，人离不开家，人的生老病死都以家为核心，“家和万事兴”是传统文化保持至今的至理名句。个人要实现自身价值，必须修身，个人通过修身，才能齐家，才能平天下。中华传统文化强调通过修身，实现家庭关系和人际关系的和谐，通过齐家实现治国理想，实现群体（国家）的和谐，最终要实现天人合一的哲学境界。

中华传统文化在人与自然、人与社会关系上作出的回答，至今具有重要的时代意义。中华传统文化的内涵非常丰富，不可能三言两语就能说清楚。这里，我们要思考的问题是，21 世纪的今天，我们为什么还要学习传统文化？第一，传统文化是中华民族的根和魂，离开了传统文化，我们便失去了根和魂，特别是在全球化思潮的时代，传统文化是文化自信的活水来源，是中华传统文化与世界各民族交流对话的灵感和创新发展的文化资源。21 世纪是技术革命推动人类进步和发展的时代，世界各民族都在重新发现和发掘自己的民族文化，经济社会的创新发展，离不开民族文化的参与和创新。第二，现代科技文化的创新带来的影响需要传统文化。从物质世界来看，新的科技革命给人类的生存环境带来了灾难性后果，人口增长、环境污染、水资源枯竭、城市拥堵、粮食短缺、疾病的威胁等等，使得今天的人们不得不重新思考人与自然的关系问题。从精神来看，工业化带来的后果，使得西方文化无法解释，后现代文化带来的零碎化、平面化和消解中心，最终走向的是“无根”状态，是漂浮的、虚无的失魂落魄。第三，现代人的行为失范需要传统文化对人性的唤醒。工业化生产模式、计算机和网络的不断发展，人的生存方式、思维方式和行为习惯都发生了很大的变化，这也在很大程度上影响和改变了人的行为规范。比如一些官员贪腐，网络电信诈骗，职业道德失守，旅游景区游客的不文明行为，使得垃圾成堆，高铁“霸座”，高空抛物，在机场、地铁等公共场合高声接打电话、电梯抽烟、家庭婚姻的惨剧等等，道德行为失范，以至于违法犯罪，人们开始意识到传统文化的重要性，新的时代需要传统文化的复兴和创新发展。第四，培养和发扬社会主义核心价值观，必须立足中华传统文化。习近平总书记非常重视中华优秀传统文化的挖掘、阐释和保护，他从实现中华民族伟大复兴的中国梦出发，强调要有牢固的核心价值观，就必须要有其“固有的根本”，这“本”就是中华传统文化。习近平新时代中国特色社会主义思想就融入了中华传统文化的精髓，是对中华传统文化的继承和创新的范本。

华夏五千年文明，以其独具特色的语言文字、浩如烟海的文化典籍、领先世界的科学技术、精彩纷呈的文学艺术、充满智慧的哲学思想、完备深刻的伦理道德，孕育了伟大的中华民族，铸就了内涵丰富的民族优秀传统文化，展示了一个东方古国的神韵风采。从物质文化来说，中华传统文化可以分为很多种类，大致可以分为：①遗址文化，如远古人类遗址、陵寝及出土文物（遗物）。②建筑、园林文化，如楼、台、亭、阁、廊、园等山水人文景观。③饮食文化，如烹饪文化、酿造文化、茶文化、酒文化、餐具文化、筷子文化。④旅游文化，包括自然文化遗产和历史文化遗产，如黄山、峨眉山、泰山、九华山、五台山等等，它们既是自然文化遗产，同时也是历史文化遗产。⑤手工艺文化，如刺绣文化、编织文化、泥塑文化、雕刻文化。从精神文化来看，包括：①文化艺术，如文学、音乐、舞蹈、戏剧、曲艺、美术、篆刻、书法。②哲学观念文化，如儒道释为主体的传统哲学、审美意境、价值观念等。③伦理道德文化，如仁、义、礼、智、信的道德规范，礼仪文化等。④宗教文化，道教和佛教文化影响深远。⑤民俗风情文化，如节日庆典、婚丧礼式、祭祀拜物、祈神祛灾、游园赏灯。各地的划龙舟、调龙灯、舞狮子、荡秋千、猜酒令、象棋、围棋。中华武术、拳术、赛马、气功、针灸、推拿等等。⑥汉字文化，中华文化能够延绵数千年，汉字及其文化符号，起到了决定性的作用。余成功在《汉字里的传统文化》一书中，[①]把汉字里的传统文

① 余成功.汉字里的传统文化[M]. 北京：群言出版社，2022.

化分为“汉字与人体”“汉字与劳作”“汉字与学习”“汉字与德性”“汉字与民生”“汉字与民需”“汉字与娱乐”“汉字与祭祀”“汉字与时节”“汉字与方位”“汉字与农耕”“汉字与度量衡”“汉字与感知”“汉字与政事”“汉字与战争”。可见，汉字作为中华传统文化的重要载体，涉及传统文化诸多方面，从汉字的字体字形演变到历史文化典故，每一个汉字的背后，都蕴含着大量传统文化知识和历史文化故事，可以说，中华传统文化最为牢固，最为深远的影响，毫无疑问，来自汉字及其文化体系，作为迄今为止最为古老的表意文字，其独特的造字方法及其文化内涵，孕育出中华文化的博大精深的深邃本色。

当然，对传统文化的分类，有很多不同的方法和层面，有学者把传统文化分为器物层面、行为习惯和精神层面，器物层面，指的是“历史上延传下来的典章制度、文化经典、古迹文物等等”； 行为层面，指的是“历史上延传至今的风俗习惯等等”；精神层面，指的是“历史上延续至今的社会理想、生活信念、伦理道德观念、民族性格和心理特征等等”，并认为前面两个为“显性层面的文化”，精神层面的内容为“隐性层面的文化”。[①]有学者把传统文化的精神层面体系分为“天人篇”“修身篇”“治国篇”和“平天下篇”。有学者从文化与民俗的两个影响大的层面考察中国食俗文化、中国茶俗文化、中国酒俗文化、中国烹饪文化、物质生产民俗、社会生活民俗、精神生活民俗。[②]肖媛媛、李剑萍主编的高等学校“十四五”规划教材《中国传统文化概论》，把中国传统文化分为古代传统思想文化（先秦子学、两汉经学、魏晋玄学、隋唐佛学、宋明理学、清代实学）、古代文学、传统史学、传统教育、传统艺术、传统民俗和古代科技文化。[③]高等教育出版社出版的田广林主编的《中国传统文化概论》（第三版）充分吸收和采纳了当今考古学、历史学、政治学、文化学、民俗学和文化人类学等学科领域取得的新研究成果，在综论中国历史文化的起源与发展背景基础上，从物态文化、心态文化、行为文化和制度文化四个层面入手，对中国传统文化作了全面而简明的考察。重点

① 张凯麟.传统文化三题[J].求索 2018（3）.

② 王静等.传统文化概论[M].北京：清华大学出版社，2022.

③ 肖媛媛、李剑萍主编.中国传统文化概论[M].武汉：华中科技大学出版社，2023.

介绍了中国古代的礼制传统、哲学、宗教、陵寝、教育、科技、史学、文学艺术、民俗、建筑、园林、器物等方面的基础知识和基础理论。有助于青年大学生通过认识中华民族的历史文化，树立正确的人生观和世界观，增强对中华民族文化的自信心和自豪感。[①]

也有学者分为中国哲学、伦理道德与人文精神、道教与佛教、文物和文化艺术、医药饮食与建筑等，这些分类都有道理，这正好说明，中华传统文化的深邃、丰富和复杂，源远流长的中华传统文化，至今散发出夺目的光彩，成为世界民族文化史上的奇迹。

不同的学者对传统文化的内涵和具体内容有不同的侧重。唐明燕在《中华传统文化的核心理念》一书中，[②]以立德树人为总纲，认为中华传统文化的总体格局是以儒学为主干、儒道释互补的，对儒家的优势、道家的特点和佛教的影响，有较好的阐释。从人格修养的层面来看，强调人格修养的意义，认为道德是人与禽兽的根本区别，道德修养是成就外在事业的先决条件，人格修养的目标是以仁义礼来修身，成就理想人格。第一，从人格修养的层面上，中华传统文化的核心理念体现为：①为仁由己；②皆可以为尧舜；③涂之人可以为禹；④对义与利的取舍（先义后利重义轻利、见利思义以义制利)；⑤对外界评价的认知（重视外界评价、豁达看待外界评价）；⑥对人生境遇的觉解（以“时”的视野理解人生境遇的变化流转、与“时”俱进、知天命尽人事）；⑦对生死价值的反思（生死自然、死而不朽、珍惜生命）。人格修养的路径主要表现为好学力行、学思结合、积习渐染、师法之化。第二，从社会关爱层面来看，中华传统文化的核心理念表现为：①社会关爱的情感根基（仁者爱人、忠恕之道）；②人际交往的具体规范（亲子关系、君臣关系、朋友关系及社会一般关系）；③中庸之道的适度调节（中庸是恰到好处、达致中庸的关键：时中）。第三，从家国情怀层面来看，中华传统文化的核心理念体现为：①以群为重心忧天下（将人视作“群”的存在、倡导为群体做贡献、寓个体价值于群体价值之中）；②以民为本济世安民（视民心向背为政权稳固的根基、以民为本的政策导向）；③以和为贵和而不同（“和”

① 田广林主编.中国传统文化概论（第三版）[M].高等教育出版社，2022.

② 唐明燕.中华传统文化的核心理念[M].北京：中华书局，2022.

的渊源与实质、人伦关系中的显现、政治理念中的表达）。中华传统文化特别重视个人修养、社会关爱和家国情怀，这三个显在层面的价值理念经过实践检验被历史积淀下来，凝聚着中华民族普遍认同和广泛接受的道德规范和思想品格，代表着中华民族独特的精神标识；这些核心价值理念在历史上发挥过积极作用，迄今仍然能够契合新时代中国人的精神世界，具有传承价值。李宗桂在《中国优秀传统文化的现代价值》一书中，[①]归纳中华优秀传统文化的精神内核为“仁爱精神”“刚健自强”“以民为本”“家国情怀”“礼法融合”“贵和尚中”“追求大同”等，并认为这些思想观念的精神内核仍然具有现代价值并展现永久魅力和时代风采。

魏黎波在《中国传统文化十讲》中，采用专题讲述的方式，选取了民间信仰（鬼魂信仰、正神信仰、妖仙信仰）、儒学（诸子百家、三纲五常）、道教（道教的成仙思想与渊源、道教的世界与神仙系统、道教的修炼与法术）、佛教（佛教的产生和基本教理、佛教修持的单位及其时空观、佛教的中国化、佛教禅宗）、八卦与五行、家族宗法、汉字、建筑、茶酒文化、江湖等十个专题，采用关键词入手，别开生面，厘清了中华传统文化史上的重要概念。

① 李宗桂.中国优秀传统文化的现代价值[M].北京：人民出版社，2019.

第二节　中华传统文化精神特征

要准确概括出中华传统文化的精神特征，是很不容易的，五千年的历史文化，广阔地域的民族文化交融，东西南北的地理文化差异，都使得无法使用简单的词语概括中华传统文化的全貌及其内蕴的精神特征。这里，我们借助前人的研究来说明。杨文笔主编的《中国传统文化导论》把中华传统文化的基本精神概括为：以人为本的人文精神，以民为本的民本主义精神，自强不息、刚健有为的进取精神，厚德载物、兼容并蓄的包容精神。[①]刘介民在《中国传统文化精神》一书中，[②]把中华传统文化精神概括为：优化人格 恪守尊严，自胜自立 自强不息，志当高远 浩然正气，齐家治国 修身正心，仁者爱人 永存爱心，贵和持中 不偏不倚，礼义廉耻 行己有格，澹泊明志 智为达德，求是务实 求知善读，宽以待人 兼容之道，严以律己 自我完善，节制有度 清介自守，文质彬彬 礼仪君子，职业道德 敬业济世，勇毅不惰 无欲则刚，谦虚谨慎 自我完善，诚信待人 珍重友谊，老成温厚 遇事忍耐等十八个方面。田根胜等主编的大学生文化素质丛书之一的《中国传统文化精神》一书中，[③]把中国传统文化观照下的社会与人生的文化精神概括为：重德隆礼与中康贵和、自强不息与忧患以生、尽心知性与内圣外王、耕读传家与以经为学、死生有命与慎终追远。把中国传统文化的艺术精神概括为：①艺术旨趣：言志与载道；②艺术境界：虚实与意境；③艺术品位：清雅与俚俗；④南风北韵：清绮与贞刚；⑤艺术方法：会通与化成。王强、包晓光主编的《中国传统文化精神》一书，认为传统文化精神的主要内容包括儒家文化精神、道家文化精神、宗教文化精神、制度文化精神、审美文化精神、符号文化精神、科技文化精神等。[④]

① 杨文笔主编.中国传统文化导论[M].银川：宁夏人民出版社，2020.

② 刘介民.中国传统文化精神[M].广州：暨南大学出版社，1997.

③ 田根胜，余意主编.中国传统文化精神[M].上海：上海辞书出版社，2003.

④ 王强，包晓光主编.中国传统文化精神[M].北京：昆仑出版社，2004.

早在先秦时期，中华传统文化的经典就开始形成。春秋战国时期的诸子百家，以老子、庄子为代表的道家、以孔子、孟子、荀子为代表的儒家，以及其他墨家、法家、阴阳家、兵家、杂家等诸多各门各派，他们的思想学说激烈交锋，“百家争鸣”，各家各派最终形成了中华传统文化的思想基础和文化典籍，《老子》《庄子》《孟子》《墨子》《韩非子》等等，他们确立了中国传统文化的哲学精神和人文精神。自秦汉到隋唐，乃至元明清以来，儒道释文化交融发展，每个时期都有各自侧重精神文化特征，使得中华传统文化四散开来，得到广泛传播和极大发展，在各个文化领域取得了辉煌的成就。从哲学思潮来看，汉代以董仲舒为代表，独尊儒术，罢黜百家，儒学和经学得到发展，《诗》《书》《礼》《易》《春秋》五经形成。魏晋南北朝时期，玄学兴起，佛教传入中国，出现了佛教文化。佛教中国化的过程及其对中华传统文化思想领域的影响很大，包括信仰观念、社会意识、道德规范以及文化艺术和心理习俗等领域，从而形成了儒道释为主要内容的复合结构，从此中华文化的儒道释通过相互激荡、冲突，适应和融合，成为中华传统文化最有活力、最有价值的精神结构。隋唐时期，国力鼎盛，形成了兼容并包，有容乃大的文化大气象，以唐诗为代表的唐代文化，成为中国诗歌史上的奇迹，初唐四杰，王维、李白、杜甫、高适、刘禹锡、白居易、李商隐等等，大诗人群星灿烂，唐诗成为中国传统文学的经典形式，不但如此，唐代的书法、绘画、雕刻等其他艺术也取得了辉煌的艺术成就。“唐文化的宏大气魄还体现在以博大的胸襟广为吸收外域文化。南亚的佛学、历法、医学、语言学、音乐、美术；中亚的音乐、舞蹈；西亚和西方世界的祆教、景教、摩尼教、伊斯兰教、医术、建筑艺术及至马球运动等等，如同‘八面来风’，从唐帝国开启的国门一涌而入，首都长安则是那一时代中外文化汇聚的中心，一个具有盛大气象的世界性都市。隋唐文化对外域文化的大规模吸收，不仅在中国文化史上，而且在世界文化史上均可称为卓越范例。”[①]宋代至元明清时期，中华传统文化继续以开阔的胸襟，吸纳、融汇其他各民族的文化，宋代的词、元杂剧、明清小说与戏曲，都以独特的文化内涵，显示中华传统文

① 张岱年.方克立主编.中国传统文化概论[M].北京：北京师范大学出版社，1994:98.

化的精深品格。这时期，中原农耕文化与北方游牧文化和南方山地农耕文化不断深入交流对话，形成多民族交融和中外文化交汇的文化长河。

从哲学上看，中国传统文化认为宇宙生生不息，大化流行，所以认为宇宙的基本规律是流动变易的，变化是普遍的，是根本的，一阴一阳，生生不息，一切都在变化流转，没有穷尽的。以《周易》为源头的哲学典籍，从自然哲学直观、辩证的思维出发，认为宇宙是一个开放的、有着生机勃勃的、生生不息的、流动创化的无限空间，不是孤立的，而是包举万物、统一万象，“日日新，又日新”的世界。“天人合一”是中华传统文化最为核心的思想，也就是“人与天地合德”，这种哲学思想，主要涵义有两个方面，一是主张人是天地万物化生的，人的修为最高境界是“天地境界”，人最高的道德规范是与天同一。二是人立于天地之间，人的生命要贯通宇宙万物的生命并成就宇宙万物的生命，“这就是说，人在天地之中，深切体认了宇宙自然生机蓬物、盎然充满、创进不息的精神，进而尽参赞化育的天职。这种精神上的契会与颖悟，足以使人产生一种个人道德价值的崇高感。”[①]冯友兰先生把人生境界分为“自然境界”“功利境界”“道德境界”和“天地境界”，不论是儒家、道家和释家都主张人要实现自身的人生价值，必须达到“天地万物为一”。

从伦理道德来看，中华传统文化同样主张把人的伦理道德贯穿到天地万物中去，人是天地万物的一分子，天地万物都是有生命的，所以传统文化敬重生命，在家庭中尊老爱幼，“百善孝为先”，在社会生活中互相尊重，人人平等。

根据有关学者的研究，我们中华传统文化的特点简单地归纳为：①具有强大的生命力和历久弥坚的凝聚力。中华传统文化从其发端开始，五千年来从来就没有中断过，并且不同的历史时期，吸纳各民族各地域文明，其巨大的包容性和开放性，使得它具有很强同化力、融化力，从而具有强大的文化生命力。中华传统文化的凝聚力表现在心理上的认同感和归属感。②重实际求稳定的农业文化心态。③以家族为本位的宗法集体主义文化。④重人伦轻

① 张岱年.方克立主编.中国传统文化概论[M].北京：北京师范大学出版社，1994:333.

自然的学术倾向。[①]

要提到中华传统文化的特征，汉字及其文化属性不可缺少。汉字象形文字，早期汉字是由事物的形状通过画图的形式演变而来的，是目前世界上仅存的一种表意文字，它的音、形、义是联系在一起的，就是通过长期的演变，我们今天依然可以从汉字的形，推测出它的意义。从它的偏旁部首，可以看出它的意义的归属，可以从偏旁部首，读出它的发音。关于汉字的来源，汉代以来就有“六书”的说法，象形、会意、指事、形声、转注和假借。汉字经过了五千多年的演化，书写形体演变过程是：甲骨文（商）→金文（周）→小篆（秦）→隶书（汉）→楷书（魏晋）→行书，这七种基本字体称为 “汉字七体”。汉字的功能十分强大，我们今天从汉字的形体和音韵中，仍然可以感受到汉字的生命力和汉字的文化意味。我们先来感受一下汉字起源时的状态。

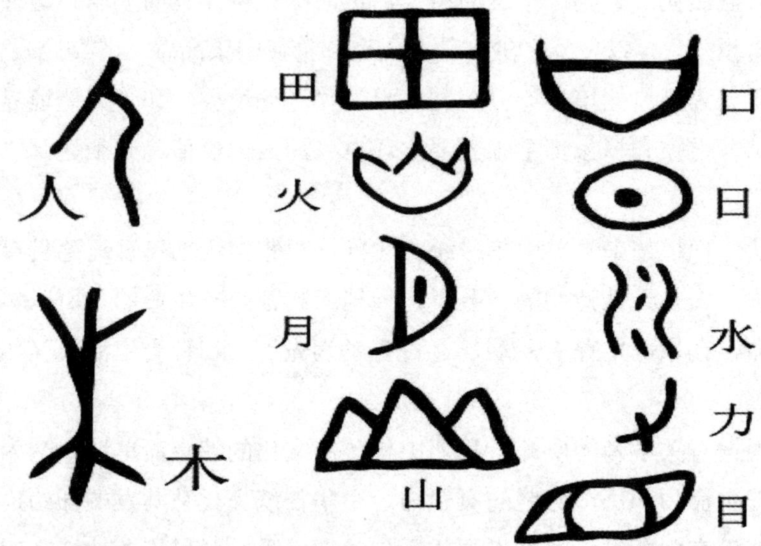

① 张岱年.方克立主编.中国传统文化概论[M].北京：北京师范大学出版社，1994：351-368.

可以毫不夸张地说，每一个汉字都是一部文化史，有学者指出，“最早成熟的汉字体系——甲骨文中的‘天’字，其形体就是一个正面直立的人形，头部较大，双手双足各自左右伸展，示意为‘人的头顶上就是天’，但是同时也很自然地表达出‘天就是人’的意思，中华文化一个最主要的理念‘天人合一’，由此可以体现。再如，甲骨文中的‘和’字，从口从禾，说明当时的先民已有农耕，口中食用禾类作物，进而用此字表示音节的调和乃至世间万物的和谐，因此‘和’的追求及其维护，也是中华文化的一个重要特质。这类体现中华文化特质的例子不胜枚举，所以我们说，汉字本身就是中华文化的一个重要的有机组成部分。”①还有学者研究认为，汉字形体本身就具有可分析性，汉字构形学已经成为一门专业研究汉字及其文化意蕴的重要路径，从汉字构形学的研究成果来看，每一个汉字都不是孤立存在的，而是互相联

① 董琨.汉字与中华文化的继承与传播[EB/OL].中华人民共和国教育部网站2013-08-27http://www.moe.gov.cn/jyb_xwfb/xw_fbh/moe_2069/s7135/s7562/s7569/201308/t20130827_156360.html

系，“内部呈有序性的符号系统”，[①]从汉字构形学、汉字字体学、字源学到汉字文化学，汉字“总是携带着大量的文化信息。分析汉字的字形并非仅就字形而分析，分析的根本目的还是在于通过字形的分析发掘出每一个构件所体现的构字意图，蕴藏了哪些文化信息。无论是独体的文，还是合体的字，其组成整字的构件都是有意的，或象实物之形，或表事件之意，总可以通过字形了解其造字者的意图，发掘出民族文化深层的内涵。”[②]从早期甲骨文例如：“休”字一个人靠着一个木，表示人类生活在原始森林时期的休息状态。“初”，衣服和一把剪刀，表示初始的意义是制作衣服。“食”上面一个盖子，下面是盛放食物的器皿。我们从上面的汉字图例甲骨文和小篆中，可以清楚地看到汉字的初始意义，这是我们祖先创造汉字的三个依据：一是“仰观天象，俯察地理”，二是依据“鸟兽之文与地之宜”，也就是他们是通过观察鸟兽的样子或足迹与土地上的草木生长枯荣而创造了汉字，三是“近取诸身，远取诸物”，他们在造字过程中，既取自自身，也取自身边的万事万物。比如“引”，在甲骨文中，“引”就是人把箭搭在弓上，拉弓欲射的动作，既有取自人自身的动作，也借用弓箭作为工具。这样的例子举不胜举，“不仅单个的形体是直观物象的描写，就是形体组合，也是反映事物形体之间的直观联系的。”[③]由汉字创造的表意符号系统，从汉字字体书写演变的书法艺术，到汉语文学和汉语文化，从哲学到器物，从伦理道德到家族文化，以汉语为主体的中华传统文化，都无不显示出中华文化天人合一、以人为本、言简意繁、秘响旁通的超越品质和审美取向。海德格尔说“语言是人类存在的家园”，那么汉语言就是我们的家园，汉语的特殊性，使得汉语言是诗性的语言，在伦理道德上是内敛的，仁爱的，在审美上是和谐的，妙悟的，在书法艺术上，是“笼天地于形内，挫万物于笔端”，集音乐、舞蹈等诸多艺术于一体，熔万物的形、神、姿、势于一体，显示出汉字文化的独一无二性。在哲学层面上，“极为关注人的精神生命与精神理想。”[④]无论是儒家的道德

① 王宁.汉字构形学讲座[M].上海：上海教育出版社，2002：18。

② 刘兴均.汉字的构造及其文化意蕴[M].北京：人民出版社，2014:09.

③ 王宁.汉字构形学讲座[M].上海：上海教育出版社，2002：25.

④ 刘文英.中国传统精神哲学论纲[J].中国哲学史，2002（1）.

修养，还是道家的“忘我万物归怀”的“逍遥游”精神超越之路，还是佛家的“见性成佛”都从人的精神层面提升人的精神境界。习近平总书记说，要增强文化自信和价值观自信，就要讲清楚中华传统文化的“历史渊源”“发展脉络”“基本走向”，同时还要讲清楚中华传统文化价值理念，特色和独特创造。事实上，要真正把中华传统文化的渊源和发展脉络讲清楚，还真不简单，因为中华传统文化包括的历史渊源和脉络实在是博大精深，早已汇聚成磅礴的民族文化根和魂，我们梳理了中华传统文化发展的主要脉络，最为重要的精神特征，还有诸多的具体的领域还没有涉及。

第三节　习近平总书记关于传统文化重要论述

习近平总书记关于传统文化的讲话是新时代我们继承和创新传统文化的根本遵循和行动指南。党的十八大以来，习近平总书记从国家发展战略出发，对中华传统文化的重大理论问题和现实问题进行了全面系统的阐释，并非常重视中华优秀传统文化在实现中华民族伟大复兴的中国梦征程上的继承、发展与创新。2023 年 6 月 2 日，习近平总书记在北京出席文化传承发展座谈会并对传统文化的传承、发展与创新作了全新的讲话，主要内容有：

第一，中华文明具有“突出的连续性”，只有从中华民族“突出的历史连续性”这个角度，才能理解“古代中国”“现代中国”和“未来中国”。中华文化的历史连续性“从根本上决定了中华民族必然走自己的路。”

第二，中华文明具有“突出的创新性”，中华传统文化在漫长的历史发展中，不断吸收各民族的文化，“日日新”，“周虽旧邦，其命维新”，中华民族无数次面临外来文化的冲击，但每一次都是文化的新生与创造，这就从根本上决定了中华民族的文化品格是“守正不守旧”“尊古不复古”的进取精神，“不惧新挑战”“勇于接受新事物的无畏品格”。

第三，中华文明“具有突出的统一性”，国家统一，民族富强是中华民族的集体认同感和自豪感。历史上的民族英雄，仁人志士，革命先烈，都是厚植家国情怀，心怀赤子之心，特别是近代以来，随着外国资本主义对中国的侵略，中国成为西方列强的殖民地，帝国主义掀起了瓜分中国的狂潮，但在中国共产党的领导下，中国人民以顽强的意志，不屈不挠的斗争，为了国家的统一和民族富强，宁愿抛头颅，洒热血，正如有一首歌《国家》唱的那样：

一玉口中国　一瓦顶成家
都说国很大　其实一个家
一心装满国　一手撑起家
家是最小国　国是千万家
在世界的国　在天地的家
有了强的国　才有富的家
国的家住在心里　家的国以和矗立
国是荣誉的毅力　家是幸福的洋溢
国的每一寸土地　家的每一个足迹
国与家连在一起　创造地球的奇迹

中华文明“具有突出的包容性”，中华传统文化的独创性与它的包容性是密切相关的，中华传统文化从来都不是封闭的，故步自封的，而是开放的，具有“突出的包容性”，中华传统文化在发展过程中就不断地融汇各民族的文化，如南北方和中亚游牧民族的文化、波斯文化、古印度文化，特别是从印度传来的佛教文化，极大地丰富了中华传统文化的内涵，至今仍有极大的影响。从西汉张骞出使西域各国开始，中华文化就开始有了对“世界文明兼收并蓄的开放胸怀”和“交往交流交融的历史取向”。孙伏园在一篇文章中回忆鲁迅当年旅游西安时对唐代开放包容的文化胸襟作过这样的评价：“他（鲁迅）觉得唐代的文化观念，很可以做我们现代的参考，那时我们的祖先们，对于自己的文化抱有极坚强的把握，决不轻易动摇他们的自信力；同时对于别系的文化抱有极恢廓的胸襟与极精严的抉择，决不轻易的崇拜或轻易的唾弃。这正是我们目前急切需要的态度。”[①]中华传统文化在几千年的发展进程中的这种对待世界各民族文化的“胸襟”和“精严的抉择”是中华文化

① 孙伏园.《杨贵妃》.《鲁迅先生二三事》[C].长沙：湖南人民出版社，1980:23.

最独特的文化基因，“古为今用，洋为中用”，取其精华去其糟粕的拿来主义的态度，始终维持着中华文明的稳定和行稳致远的强大生命力，2022 年 6 月，习近平总书记在四川考察时，指出要广泛借鉴世界一切优秀文明成果，“不能封闭僵化。”“中国文化在与外部文化的交流并产生新的文化组合的基础上，依然保持民族文化主体质的稳定性，随着时间的推移、历史的发展，它不仅没有混乱解体，反而得到丰富和发展。”[①]

第四，中华文明具有“突出的和平性”，中华传统文化最核心的精神特质是“和谐”，“和”中华传统文化的核心价值观，“和平、和睦、和谐、和合”，“和而不同”是中华文化传承至今的内在品质。青年习近平在河北正定县委工作的时候，就在自己的办公室悬挂了“周而不比，和而不同”两幅字。习近平总书记提出中国在追求文明交流互鉴时，不搞文化霸权，不搞“周而不比”，不搞党同伐异的“小圈子”，中国始终做“世界和平的建设者”“全球发展的贡献者”和“国际秩序的维护者”。

习近平总书记对传统文化重要论述，在习近平新时代中国特色社会主义思想中，从治国理政、经济建设、生态文明思想、文化传承发展、党的建设到中国外交等等，无不体现了习近平总书记对中华传统文化的精深阐发，值得我们学习领会，主要论断有：①他要求年轻干部要敬畏优秀传统文化，厚植人文精神，增强文化自信。②要深入研究中国文明的历史，“实施中国文明探源过程”。③要让“文物和文化遗产活起来”，挖掘文物和文化的多重价值。④要把中华传统文化中具有“当代价值”和“世界意义”的文化精髓提炼出来、展示出来。⑤传统文化是民族的“根”和“魂”，中国式现代化离不开传统文化的支撑。习近平总书记指出，要让传统文化成为现代的，传统文化要与中国式现代化相结合，从而成为一个有机统一的“新的文化生命体”，成为“中国式现代化的文化形态。”这需要推动中华优秀传统文化的创造性转化，在中国式现代化过程中要把传统文化的精髓融入进来，充分利用传统文化的思想资源、思想方法与智慧，探索面向未来的理论和实践创新，从而为中国式现代化奠定思想根基，提供文化支撑和智慧方法，同时，传统

① 王立新.中国传统文化概论[M].北京：北京广播学院出版社，1994:26.

文化的思想观念、哲学精神、道德伦理、辩证思维等一旦与中国式现代化的伟大实践相结合，一定会焕发出新的生机，古老的中华文明一定会迎来新的崭新辉煌。⑥要培养青年大学生的文化自信，构筑“中国精神”“中国价值”“中国力量”，必须坚持传承和发展传统文化，“不忘本来”，这是国家和民族发展中更基本、更深沉、更持久的力量。习近平总书记在北京大学、清华大学、北京师范大学等高校，勉励当代大学生要学习传承传统文化，热爱民族文化，鼓励读点古诗词，要在文化传承的氛围中培育新时代青年。他勉励暨南大学的学生，要把中华传统文化传播到五湖四海。2019 年，习近平总书记参加澳门大学学生举办的“中华传统文化与当代青年”主题沙龙活动，他分享了自己学习传统文化的经历和读过的传统文化经典书籍，勉励澳门大学学生要从中华优秀传统文化中汲取营养和力量，推动民族音乐的发展，争做爱国者，勇担时代重任。习近平总书记要求青少年从小就要学习传统文化，课堂是青少年学习传统文化的主要渠道，要把课程体系中融入传统文化，要深入挖掘传统文化中的思想政治元素，要把传统文化融入大学教育教学的全过程：“坚守核心价值观之根”“厚植爱国主义情怀之魂”“拓展大学人文精神之用”“筑牢校园文化之体”提升高校文化育人实效。[①]

第四节　大学生中华优秀传统文化教育的政策依据

2014 年教育部印发《完善中华优秀传统文化教育指导纲要》（简称《纲要》），对大中小学学生开展传统文化教育的重要性和紧迫性提出了要求。《纲要》认为，加强中华优秀传统文化教育，“是中国特色社会主义教育”的重要内容，“是推动文化传承创新”的重要途径，是培育和践行“社会主义核心价值观”的重要基础。改革开放以来，特别是进入新时代以来，随着全球化进程的加快，我们的传统文化教育存在不少问题，突出表现在对传统文化教育的重要性重视不够，对传统文化教育的课程内容的系统性和整体上

① 杨建新.加强大学生中华优秀传统文化教育[OB/EL].人民网 2019-01-24，http://theory.people.com.cn/GB/n1/2019/0124/c40531-30588620.html

不够深入，课程和教材建设还有待加强，重知识传授，轻视文化创新实践，教师传统文化素养有待进一步提升，对传统文化的概念、范畴、特征与精神实质缺乏清楚地认识，教师的传统文化素养整体上有待进一步提升，还没有形成全社会共同参与传统文化教育的氛围和有效途径。青年大学生面对网络世界和媒介化生存缺乏文化自信和文化判断力，爱国主义、个人思想品格和积极向上的精神力量还缺乏传统文化的深厚根基。《纲要》提出了大中小学开展中华优秀传统文化教育的主要内容是以“弘扬爱国主义精神”为核心，以“家国情怀教育”“社会关爱教育”和“人格修养教育”为重点，着力完善青少年学生增强中华民族的国家认同感，爱国是主旋律，青少年要为实现中华民族伟大复兴的中国梦而努力，“关爱教育”主要培养学生关心社会，关心他人，特别是社会贫困人口，培育集体主义精神。“人格教育”主要培养青少年明辨是非、诚信、坚韧、遵纪守法等理想人格，提升传统文化素养。《纲要》提出要分阶段开展传统文化教育，不同年龄阶段开展不同内容的传统文化教育，如小学分为低年级和高年级。《纲要》对大学生的传统文化教育有明确的内容和要求：大学生对传统文化的“自主学习和探究能力”成为大学生传统文化教育的重点，也就是说，当代大学生要通过自主学习，了解中华传统文化的基本知识、发展脉络、思想观念、精神哲学、道德伦理等等，通过自主学习去培养自己探究传统思想文化典籍，传统文化魅力、自觉实践传统文化的能力。具体来说，就是要通过传统文化的学习，培养文化创新意识和创新能力，培养大学生的民族文化主体意识，吸收传统文化精髓，确立传统文化的当代价值，关心祖国发展命运，厚重爱国情怀，完善人格修养，把自己的个人理想与国家富强联系起来。《纲要》要求大中小学要把传统文化融入课程体系和教材体系中，提升教师的传统文化素养，构建多元支撑的传统文化教育格局。

中国文化不仅丰富多彩，而且有着迷人的气质和丰富的内涵。这迷人的气质和丰富的内涵就是中国文化的基本精神。关于文化的基本精神，张岱年先生说，文化的基本精神就是文化发展过程中的“精微的内在动力”，也即是指导民族文化不断前进的基本思想。为了建设文化强国，增强文化软实力，2017 年 1 月，中共中央办公厅和国务院联合印发了《关于实施中华优秀传统文化传承发展工程的意见》（简称《意见》），把中华优秀传统文化的传承发展定位为国家工程，主要内容有三：

1.核心思想理念

从中华传统文化的宏观层面来看，它主要指在中华民族和中国人民漫长的历史发展中逐渐积累和形成的民族精神和思想观念，如“道法自然、天人合一、生生不息”的思想，“革故鼎新、刚健有为、与时俱进”的思想，“脚踏实地、贵和尚中、实事求是”的思想，“惠民利民、安民富民、以人为本”的思想，“自强不息，厚德载物”的思想等等。中华优秀传统文化的核心思想理念非常丰富，张岱年把中国传统文化的核心思想概括为刚健有为、和与中、崇德利用、天人协调四个方面，张恺之在《中国人文精神》一书中把中华优秀传统文化的核心观念概括为七个方面的主要内容：

（1）人文化成——文明之初的创造精神；

（2）刚柔相济——穷本探源的辩证精神；

（3）究天人之际——天人关系的艰苦探索精神；

（4）厚德载物——人格养成的道德人文精神；

（5）和而不同——博采众家之长的文化会通精神；

（6）经世致用——以天下为己任的责任精神；

（7）生生不息——中华人文精神在近代的丰富与发展。[①]

从个人层面来讲，要弘扬“有仁爱之心”“讲诚实守信”“追求公平正义”“求同存异，和而不同”等核心理念。

2.中华传统美德

中华传统文化本质上讲也可以说是伦理文化，注重伦理道德，也被称为“崇德”文化，中华传统文化道德伦理的根基是建立在以血缘关系为纽带的宗法制度，家或家族是中国人生活赖以存在的基础，孟子说，天下之本在国，国之本在家，家国同构或一体的社会结构，使得中华传统文化重视家庭成员之间的伦理道德关系成为第一要务，这种思想最后发展到“厚德载物”“孝悌忠信、礼义廉耻”“修身、齐家、治国平天下”“天下兴亡、匹夫有责”

① 张岂之.中华人文精神（增订版）[M].西安：西北大学出版社，1997..

“精忠报国”“振兴中华”等社会道德规范和道德修养的最高境界。

3.中华人文精神

现代科技是一把双刃剑，既带来了物质世界的极大进步和丰富，同时也带来了诸多问题，如生态环境问题、伦理道德问题、社会问题、生存价值与意义问题等等，这就需要超越科技工具理性的价值，寻求到一个更高的人文精神的高地，追问人的价值与意义。脱离了人文精神的指导和引领，科技将把人变成“单面人”和机器人，把人的生活世界变得面目全非，所以，随着科技和互联网对人的异化，人文精神的呼唤成为必然趋势。中华优秀文化积淀着多样和丰富的人文精神和人生价值，不同的社会文化领域呈现出不同的人生价值和审美追求。如歌颂自然、融入自然、呵护自然、忠孝爱国、威武不屈、革故鼎新、穷变通久等人文精神，有孝悌的伦理道德规范，倡导诚信、宽恕、谦恭、礼让、友爱、勇毅的处世之道，有齐家治国，勇于担当的责任精神，因材施教、温故知新、循序渐进、教学相长的教育思想，有沉郁、飘逸、空灵、情景交融的美学意境，有勤恳努力、节约简朴、严以律己、宽厚待人的生活理念，这些都是中华民族和中国人民在长期的历史发展中逐渐积淀下来的思想观念、处世交往之道、教育思想、道德情感的集中表达，并在此基础上滋养了独特丰富的文学、书法、音乐、雕刻等艺术形式、中国中医、古代建筑以及教育思想，至今仍然具有深刻影响和广泛的认同。传承发展中华优秀传统文化，就要加大宣传力度，弘扬有利于社会和个人全面和谐发展的思想文化内容，鼓励青年大学生在日常生活中，从我做起，自觉践行中华优秀传统文化。

《意见》还对传承发展中华优秀传统文化七个方面的重点工作作了实施意见的安排。

1.深入阐发文化精髓

第一，《意见》要求对传统文化思想观念、历史渊源和当代走向作深入的研究和阐释，特别是深入阐释当代马克思主义的基本原理与中华优秀传统文化的结合问题，深刻阐明传承和发展中华优秀文化是新时代中国特色社会主义事业发展所需的工程，中国特色社会主义的思想体系和话语体系，必须包含中华优秀传统文化的深厚底蕴和优良传统。第二方面的重点工作也是最为基础性的工程，是加强党史国史及相关档案编修，做好“地方史志”编纂工作。传统文化的载体是往往是史书或地方史志记录下来的历史文化，例如我们今天读到的《史记》《三国志》、二十四史、资治通鉴等等，都是通过对历史事件和历史人物的记载，才能很好地了解历史发展的脉络，特别是随着科技进步和互联网的发展，历史很快就会翻开新的篇章，要把中华文化传承发展下去，党史国史和地方史志是一项重要的基础性工程。第三，开展中华文化资源的普查，构建开放共享的传统文化数字化资源平台显得极为紧迫。很多传统的中华文化资源，随着时间的流逝逐渐消失在历史的烟尘中，许多文物缺乏保护，面临消亡，许多古建筑、古籍和文化典籍需要建立保护名录，并实现数字化保护，建立中华文化国家数据库。例如许多革命文物，馆藏古籍，古建筑由于各种原因未能得到有效保护，而面临消亡的局面。敦煌莫高窟的数字化保护是非常成功的案例，敦煌莫高窟数据库的建立，无疑是传承和发展中华优秀传统文化的典范。

2.贯穿国民教育始终

第一，首先在全国大中小学开设传统文化课程，分阶段，整体推进，通过课程思政，要在各门学科中全面融入中华优秀传统文化。对大学生来讲，可以通过思想政治课程、大学美育、传统文化、大学语文、志愿者活动、劳动教育、校园文化活动等多门课程体系和多种活动形式，把传统文化贯穿到立德树人的根本任务中去。第二，目前高校都开设了中华优秀传统文化必修课，有些高校还成立了中华传统文化学院或传统文化研究机构，依托优秀传统文化开展学术研究和人才培养，一些以传统文化为主要内容的专业也逐渐开设，学习传统文化的人数在不断增加，如中医药专业、书法艺术、戏曲艺术以及一些冷门、“绝学”等专业得到大力推动，重新得到社会的认可，发展潜力大。第三，开展以中华传统文化为主题的校园文化，加大宣传和普及传统戏曲、书法、传统武术，在职业院校开设传统手工艺与大国工匠成才教育。普及与提高是传统文化传承发展的重要路径，很多青年大学生对传统文化缺乏基本的了解，更谈不上热爱传统文化，比如京剧艺术，很多青年大学生对京剧的唱腔、舞台表演等程式化不明白、不清楚，那就谈不上欣赏了，所以中华传统文化的传承，一个基础性的工程是对传统文化的基本知识进行普及，在普及的基础上提高。第四，有步骤地实施中华经典诵读工程，在全民阅读中大力宣传和推送传统经典读本，加强传统文化人才的培养和培训。

3.保护传承文化遗产

中华文化遗产丰富，灿若星辰，是我们祖先遗留下来的珍贵的物质和精神财富。坚持“保护为主”“抢救第一”的原则，要把遗产保护和合理开发利用结合起来。第一，很多新型城镇化和新农村建设中，大拆大建，破坏历史文化名城，传统村落及其村落文化遭到破坏，传统民居被迫改造成水泥楼房，要对中国重要的农业文化遗产和工业遗产开展研究和保护，实施保护战略。文化遗产包括的范围极为广阔，如物质文化遗产和非物质文化遗产，例如传统农业文化遗产就包括传统的农具、水利灌溉工程、传统种植业、林业、畜牧业、渔业等发展过程中的方法、技术，并由此形成的景观农业、森林生态等。要保护好文化遗产原有的特色风貌，要保护遗产的“文化属性”，做好“传统民居”“历史建筑”“革命文化纪念地”“农业遗产和工业遗产”的标识和保护工作。第二，保护传承方言文化。第三，开展少数民族特色文化保护工作。第四，推动民族传统体育项目的整理研究和保护传承。

4.滋养文艺创作

习近平总书记在2021年中国文联十一大、作协十大会议上指出，博大精深的中华传统文化是“当代中国文艺的根基”和文艺开拓创新的宝藏，新时代的当代作家，要从传统文化中挖掘人文精神和思想道德观念，要把“艺术创造力”和“中华文化价值”融合起来，激活中华文化的创造力和审美表现力。《意见》指出，要让中华传统文化成为当代作家文艺创新的重要源泉。离开中华传统文化的养分，当代作家的艺术创新便会失去灵感和方向，失去底蕴，甚至失去艺术价值。第一，推出一批优秀的文学艺术作品。第二，对重大革命和历史题材、爱国主义题材和表现现实深度的题材作品加大扶持力度。第三，加强对传统诗词、书法、音乐舞蹈、戏曲等的出版扶持力度。第四，通过互联网传承和传播中华传统优秀文化。第五，建立有中国特色的文艺研究评奖体系和评论体系，推动文艺创作与评价健康发展。

5.融入生产生活

传统文化距离我们的日常生活并不遥远，很多时候就在我们身边。2023

年3月和7月习近平总书记先后考察了福建南平朱熹园、福州三坊七巷历史文化街区、江苏苏州平江历史文化街区。这些古老的历史文化街区，到处都是历史文化的记忆，随处可见的传统文化的古建筑、古迹名胜，古老的民间文化氛围浓厚。习近平总书记要求街区要保护好、运用好历史文化资源，要保护好“城市的历史和文脉”，他说，生活在传统文化氛围中的人们“很有福气”。《意见》指出，中华优秀传统文化要融入老百姓的生产生活。第一，要保护好城市的“历史文化价值”，现代城市建设和设计，要凸显城市独有的标志性元素和符号，要把城市的传统文化纳入城市规划设计中，要把城市的传统文化元素挖掘出来、保存下来，对传统的建筑文化要开展生态修复工程，延续城市文脉。第二，“美丽乡村”建设，要完整保存有历史和文化的小镇和村落，要加强生态文明建设，新农村建设不是要把乡村变成城市，而是要把乡村建设成更美乡村，习近平总书记在中央城镇化工作会议上讲话指出，在促进城乡一体化发展过程中，“要注意保留村庄原始原貌”，尽可能在原来的基础上留住美丽乡村，改善居民生活条件。第三，实施“中华老字号”保护发展工程，做精做强有浓郁传统文化特色、品牌有信誉，市场有竞争力的民族文化产业。第四，实施中国传统节日振兴工程。把我们的传统佳节如春节、清明节、端午节、中秋节等传统节日以法律的形式固定下来，融入老百姓的日常生活，让传统文化在日常生活中得到传承和发展。第五，要大力宣传中华美食、中医药、服装等具有鲜明特色的文化，如《舌尖上的中国》《中医药》等电视节目，引发广泛的关注。这些与老百姓日常生活紧密的传统文化，要充分运用好、保护好。第六，大力发展文化旅游。中华文明源远流长，历史文化厚重，大力发展文化旅游，具有得天独厚的优势，要让国内外游客感受中华文化的魅力。习近平总书记在潮州考察的时候，要求地方在发展旅游文化时，“不能搞过度修缮”“过度开发”，“要尽可能保存历史原貌”。

6.加大传统文化宣传教育力度，讲好中国故事

第一，要充分利用现代媒体，特别是新媒体，加大对传统文化的宣传教育，创新表达方式，讲好中国故事。通过传统诗词、演讲、纪录片、故事、曲艺等宣传，通过图书馆、博物馆、美术馆、城市公园等文化公共机构和场

所，在全社会营造学习传统文化，感受传统文化，浸润和自觉实践传统文化的热潮，以增强文化自信。第二，持久开展爱国主义主题教育活动。第三，开展国民礼仪教育。第四，开展传统习俗研究。第五，开展传统美德教育，尊老爱幼，诚信仁爱，勤劳节俭，传承优良家风家训。

7.推动中华文明交流互鉴

中华传统文化不是封闭的文化，而是开放型、包容型文化，应加强世界各民族文化的交流互鉴，通过经济文化交流，开展丰富多彩的文化交流活动，让中华文化走出去。

上述两个主要文件对传统文化的传承发展、主要内容、支持与保障都作出了明确的规定，各地根据这两个文件制定了传统文化保护和开发利用的具体措施，取得了明显的成效。同时，中共中央、国务院和教育部还在多个文件中，印发实施关于传统文化的指导性文件，例如2017年印发的《关于加强和改进新形势下高校思想政治工作的意见》和2020年教育部印发的《高等学校课程思政建设指导纲要》，都明确要求“推动中华优秀传统文化融入教育教学”，把传统文化课程列为必须课程，并作为课程思政的重点内容，目的就是引导青年大学生传承中华传统文化，吸收其思想精华，更好地实现人生价值，从而做一个常怀中国心、饱含中国情、充满中国味的堂堂正正的中国青年。

第五节　中华优秀传统文化与大学生思想政治教育创新实践

对当代青年大学生加强中华传统文化教育是十分必要的，既是国家发展战略的需要，也是实现中华民族伟大复兴的必然要求。习近平总书记十分关心青年大学生的传统文化教育，他在北京大学、清华大学、北京师范大学、澳门大学、暨南大学等高校考察时，多次谈到要加强青年大学生的传统文化教育，要求青年大学生要多读点古典诗词，鼓励大学生把中华传统文化传播到五湖四海去，他对青年大学生“弘扬家国情怀”“传播先进文化”“秉持人类关怀”等寄予厚望。

一、传统文化对于大学生成长成才具有重要意义

党的二十大报告提出要把“青年工作作为战略性工作”来抓，青年强则国家强，习近平总书记号召全党要做青年朋友的“知心人”、青年工作的“热心人”、青年群众的“引路人”。大学生正处于人生学习的黄金时期，人生观和世界观形成的关键时期，他们在获取现代科技知识的同时，一定要扎根中华文化的沃土，离开中华传统文化的土壤，他们很容易在网络的世界里失去方向，很快在现实的环境中“躺平”“摆烂”，玩手机、打游戏成为部分大学生的日常生活主要内容。特别是21世纪以来，随着新媒体和互联网的迅速发展，各种青年亚文化进入校园文化，各种后现代主义文化思潮，商业广告和消费文化思潮，影像文化与视觉快感等等广泛流行，以网络为主要载体的赛博空间和新媒体的使用、传播，青年大学生占有很大的比例。全球化思潮和网络虚拟空间的发展，使得他们对流行文化的碎片化和多样化，对各种混杂性生活方式的推崇和认同，对虚拟空间各种亚文化的参与，在虚拟世界中寻找自尊和自我认同，使得他们失去了理想和信念，失去了对现实世界的判断力，失去了对传统文化的认知和学习的能力。

中华传统文化所形成的自强不息、厚德载物谦让宽容的文化力量和个人品格对于我们今天的大学生仍然是十分有用的，可以说，离开中华文化的沃土，我们将变成无根之木，无源之水，今天，部分大学生出现的行为失范和精神空虚，与他们长期脱离历史文化和现实文化的语境有很多的关系，他们面临学业、职业的压力，缺乏正确的交往，缺乏自信心和自强不息的精神，他们的焦虑、彷徨造成了心理的亚健康，各种压力使得他们适应社会环境的能力不强，他们很多人以自我为中心，缺乏宽容谦逊的传统美德，他们在网络媒介中，进行着虚拟的自我认同，走出网络就显得无所适从，他们在人与自然、虚拟与现实中缺乏足够的判断力，所以对当代大学生加强传统文化教育成为国家发展战略。青年大学生是国家未来的希望，是民族文化的主要传承者，是未来经济社会发展的生力军，要引领他们成长成才，必须立足文化

的土壤，要从中华文化的原典入手，懂得传统文化天人合一的、以人为本、改革创新、穷变通久的文化理念，要懂得中华文化的宇宙观、哲学观、人生观的基本内涵，对于部分大学生走出困境是大有益处的。

二、大学生思想政治教育与传统文化结合的实践途径

在大学生思想政治教育中实践传统文化的途径多种多样，丰富多彩。两个文件既强调了重点内容，又指出了实践传统文化的路径。坚持思政课程与传统文化课程的“三教改革”。要在大学生思想政治教育中实施传统文化教育，必须从“三教改革”做起。“教师”“教材”和“教法”三者不可或缺。首先，提升教师的传统文化水平。现在很多高校没有专门的传统文化课程教师，传统文化师资队伍或者说骨干教师队伍，还没有形成专业的传统文化课程的师资队伍，很多都是非传统文化专业课程教师兼任的。师资队伍建设一方面应加大自身培养，引进高水平的传统文化师资，同时还可以聘请博物馆或文化馆的专家、文物专家、书画名家、非物质文化遗产传承人、技能大师等，到学校兼职讲课，或者建立传统文化指导大师工作室，参与传统文化教学，培养和带动一批教师学习传统文化，传承传统文化，也能更好地教授传统文化课程，满足学生日益增长的对传统文化学习的需要。第二，教材是“三教改革”的核心和重点。传统文化课程被纳入大中小学课程之后，一些高校组织编写了一批的传统文化教材，但这些教材质量参差不齐，还有一些编著教材质量不高，对传统文化泛泛而谈，大多数传统文化教材都是“概论”性质，没有深入讨论传统文化的核心理念和重点内容，没有把传统文化的精髓讲出来，讲清楚，有的甚至还有理解上的误差，没有吸收传统文化研究的最新理论成果。中华传统文化在长期的演变过程中，对一些经典的理解和解读出现了违背原著的意旨的情况，这是需要我们特别注意的，不能以讹传讹，把中华文化的精髓讲偏，甚至讲错。组织编写传统文化的普及读物显得尤为重要和紧迫，大学生由于课程多，学习任务重，普及读物既能满足他们学习传统文化的需要，又能突出重点，做到有的放矢，所以，教师队伍的提升与教材质量的把控，是最为重要的环节。第三，教法。随着多媒体技术不断深

入课堂，传统文化的课堂教学形式和教法也有了很多变化，课堂不再是“填鸭式”，而是充满“翻转式”或者新媒体深度参与的“课堂革命”，打造传统文化的精品课。中华传统文化的课堂教学，一方面需要教师为学生提供知识化和信息化时代的优质教学资源，当然也包括学生为课堂教学准备的视频资料和问题讨论稿，一方面需要把传统的课题教学的“定型化”模式改为“情景化”设计模式，传统文化的情景化教学有着得天独厚的优势，因为传统文化有着丰富的实物形态，如走进古建筑、古村落、文化街区，民族器乐，文化旅游景区、云冈龙门石窟、敦煌莫高窟等等，这些传统文化的载体，很容易被学生接受，也很容易激发学生的文化实践。通过“情境化”教学设计，教师也可以通过自身的教学实践学会教学，从“教”的专家变成“学”的专家，从而提升教学质量和水平，“三教改革”形成合力，是大学生思想政治工作与传统文化结合的最为直接的实践路径。

以学生为中心，立足现实，用传统文化夯实育人基础、指导工作实践。传统文化要实现大学生思想政治教育结合，要以学生为中心，采用成果导向理论，也就是OBE教育理念，以学生对传统文化学习结果所获得的能力、目标或需求为导向的成果导向教育。也就是说，在思想政治教育中，学生对传统文化的学习所获得的成果不是传统意义上的学习考试得到的分数，不只是看学生知道、了解了多少传统文化的知识，记忆了多少概念，而是更看重学生学习传统文化之后，学生把传统文化的历史、知识、道德情感内化成自己的生命情感和道德境界，同时在实际生活中自觉实践传统文化的价值观、伦理观和人生观，并最终成为学生做人、做事和创新工作的重要内容和根本技能。要把学生为主体放在文化育人的核心位置，尊重他们的个性发展需要，立足现实，要让学生在传统文化学习中，必须清楚认识到传统文化对于中国特色社会主义道路的极端重要性，要让大学生清楚明白中华传统文化的历史渊源、文化优势以及现实需要。青年大学生必须清楚认识到传统文化对于国家、民族以及个人发展的现实需要。高校思想政治工作要尊重青年大学生个性发展需要，不断满足他们学业和精神成长所必需的精神追求，在教学中不生搬硬套，不食古不化，要让青年大学生找到传统文化的精髓与现代国家、民族发展源头活水，找到传统文化与个人未来职业发展所必备的知识文化修养、道德境界和人生价值，要找到媒介文化生存状态下，人与人，人与自然，人与社会的契合点。以工业文明为代表的西方文化，造成了文化的断裂，知识的碎片化，人的全面“异化”，甚至成为“单面人”，很多人深陷西方文化的泥潭，在后现代文化的支离破碎中，生命价值的脆弱和不能持续。让青年大学生在各种思想激荡和各种观念相互碰撞的时代大潮中，用中华优秀传统文化的核心思想观念，如爱国主义、家国情怀、与时俱进、脚踏实地、实事求是等筑牢思想信念的根基，在技术化生存中，寻找到人生的意义。这是对青年大学生开展传统文化思想教育实践最为艰难的内在之路。

加大宣传力度，利用互联网技术，建立不断适应现代大学生学习、生活和学业提升的网络文化教育平台。习近平总书记非常重视网络文化教育，深刻论述了互联网在当代世界前所未有的影响和作用。他要求建立积极健康、向上向善的网络文化观，要“创新改进网上宣传”，要充分利用网络传播的时效性，及时纠正错误认识，批判错误思潮，弘扬主旋律，正确认识互联网事件，辩证看待社会现实，激发正能量，把握好网上舆论引导的时度效，让整个社会的网络空间清朗起来，携手“构建网络空间命运共同体”。高校可以充分利用各种互联网平台，积极推送传统文化融入社会生活，融入互联网，特别是利用校园 APP、微信公众号、数字图书馆、抖音、微信视频等平台，推动传统文化网络传播。例如在中华传统节日如春节、元宵节、清明节、端午节、中秋节等节庆之时，推送古典诗词、绘画、书法、戏曲等大批传统文化精品佳作，鼓励各高校根据自身专业特色，重点打造与专业文化相结合的传统文化特色网站，把传统文化与学生的专业学习、人格修养和奋斗拼搏结合起来，真正让中华优秀传统文化润物细无声。同时，高校思想政治教育还可以利用互联网走群众路线。毫无疑问，互联网已成为青年大学生聚集的新空间，是今天每个大学生都无法离开的重要平台，他们的衣食住行都可以使用互联网得以实现，可以说，今天的青年大学生是无法离开网络生活的，线上教学、资料查阅、购物、出行、交往等等，互联网已经成为他们生活不可分割的部分，他们是名副其实的重要的“网民”，所以互联网作为大学生学习生活的不可或缺平台，其作为思想文化集散地和大学生思想政治教育的作用日益凸显。习近平总书记在 2016 年网络安全和信息化工作座谈会上强调，

“让互联网成为我们同群众交流沟通的新平台，成为了解群众、贴近群众、为群众排忧解难的新途径，成为发扬人民民主、接受人民监督的新渠道。”我们完全可以这样说，让互联网成为我们与大学生交流沟通的新平台和新路径，成为我们了解大学生，回应大学生，为他们答疑解惑的新途径，成为我们瞭望大学生心理的新窗口，成为传统文化传播的新平台、新途径和新渠道，大学生在哪里，思想政治的理论和力量就在哪儿，传统文化的传播就要到哪儿。大学生上了网，他们的人生观、价值观、他们的喜怒哀乐也跟着上了网。网络空间已成为大学生思想政治工作与传统文化实现无缝衔接的新空间和新天地，也应该成为大学生思想政治工作凝聚共识、纠正错误的新空间。可以说，利用和建立互联网开展中华优秀传统文化的育人模式，是大学生思想政治工作与传统文化结合的最为快捷有效的实践路径。

开展丰富多彩的校园传统文化教育主题活动是文化育人的主要实践形式。第一，利用传统文化节日开展文化普及活动，如春节期间，可以通过校园文化主题晚会、校园文化墙等开展传统文化普及活动，了解春节的由来，节庆民俗，家国情怀，感恩教育等等，建立传统文化的知识传播与普及，这对于当代大学生是至关重要的。第二，开展传统文化讲座。大学阶段，对中华优秀传统文化学习主要方式是以学生的“自主学习”和“探究能力”为重点，但对部分大学生来讲，要独自学习和探究传统文化典籍，如《老子》《庄子》《论语》《孟子》《周易》等原典著作有一定的困难，对其中的思想文化精髓的理解和领悟，还需要专业的学者予以指导和解答，就可以邀请传统文化名家进校园、进课堂，开展传统文化专题讲座，一方面可以厘清一些误解或者说一知半解，一方面加深他们对中华传统文化博大精深的认知，增强文化自信，强化大学生文化认同和文化创新意识。第四，利用学校的文化景观、大学精神、杰出校友、校训校歌、校博物馆、校史馆以及校园特色文化等，结合区域文化、学校历史文化、人物史和学科史的挖掘、整理和传承，发挥其独特的校园文化育人氛围。第五，利用学校艺术教育资源，深入开展文艺展演，诵读古典诗词，聆听传统戏曲，开展书法艺术比赛等多种多样的传统文化艺术传承创新活动，让青年大学生深刻感受到传统文化的艺术魅力和无限生机。

环境育人，是大学生思想政治教育实现与传统文化结合的社会实践路径。全国各地高校大都位于历史文化厚重的大中城市，大多是区域文化中心城市。这为高校构建互为补充、相互协作的环境育人，提供了新的文化教育格局。中华文明经历了5000多年的历史变迁，每一座城市，都承载着中华传统文化的元素，历史文化博物馆、文化遗产、名胜古迹、保留完整的历史文化风貌的街区，美食，服饰，建筑，民俗等等都始终承载着区域文化的文脉，积淀着中华传统文化最深层的精神追求，代表着中华传统文化最丰富最独特的精神标识。习近平总书记非常重视历史文化环境的保护传承，要求保护好历史文化街区，传承好历史文化，挖掘利用好历史文化。2018年，习近平总书记来到广州市荔湾区西关历史文化街区永庆坊考察，查看了旧城改造和历史文化建筑修缮保护情况，考察了粤剧艺术博物馆。他对粤剧艺术博物馆利用自身的优势、文化环境与各级各类学校建立青少年粤剧人才培养表示肯定，要求粤剧博物馆坚持守正创新，赓续历史文脉、谱写当代华章。2023年，总书记考察了江苏平江历史文化街区，再次强调要保护好古城老街，保护好老城建筑，“要保护好”“挖掘好”“利用好”，“不仅要在物质形式上传承好，更要在心理传承好”。他在山西运城博物馆考察时指出，博物馆里面的“国宝”证实了我国百万年的人类史和一万年的文化史，要让五千多年的文明史“活起来”，要“挖掘价值”“有效利用”。这些历史文化街区，博物馆、艺术文化馆展示了中华民族生生不息、博大精深的文化足迹，为大学生思想政治教育提供了活教材，提供了丰厚的文化滋养。高校要充分利用博物馆、纪念馆等活化石，建立长效机制，组织大学生进行实地考察和现场教学，要让他们从心理上得到滋养，普及好、传承好、保护好中华文化，这是大学生思想政治教育最为丰富、生动的传统文化资源。

中华优秀传统文化是大学生思想政治教育最为深厚、最为丰富、最为生动的文化沃土，是当代青年大学生文化自信的根基、源泉和动力。习近平总书记关于传统文化的重要论述是新时代大学生思想政治教育的指南，他在《在文化传承发展座谈会上的讲话》中指出“在五千多年中华文明深厚基础上开辟和发展中国特色社会主义”，“同中华优秀传统文化相结合”是必由之路。中国特色社会主义与中华优秀传统文化的结合，使得中华优秀传统文化成为现代的新文化，成为“中国式现代化的文化形态”。一方面，中国特色社会主义道路有自己深厚的文化土壤和文化根基，另一方面，中华优秀传统文化在新的时代重新焕发新的荣光，中国特色社会主义面向未来的理论和制度创新有更加广阔的文化空间和文化自信心，文化主体性更加巩固，“新时代中国特色社会主义思想就是这一文化主体性的最有力体现。”[①]习近平总书记在《在文化传承发展座谈会上的讲话》是中华优秀传统文化在新时代的新开拓，他要求把中华优秀传统文化置于新时代中国特色社会主义的伟大实践中去继承和发展，“更好担负起新的文化使命”：“文化自信”“开放包容”和“守正创新”三大新的文化使命，习近平总书记深刻指出，延绵数千年的中华文化是我们文化自信的底气，文化自信必须立足中华民族历史实践与当代实践，要秉持开放包容的文化姿态和文化胸怀，迫切需要有融汇古今中西的文化成果，需要“新思路、新话语、新机制、新形式”，“要把文化自信融入全民族的精神气质与文化品格中。”“不断培育和创造新时代中国特色社会主义文化”“赓续历史文脉、谱写当代华章”实现中华优秀传统文化的创造性转化、创新性发展，可以从以下方面探索具体实践路径：一是通过对优秀传统文化资源的再阐发，赋予其新的内涵和意义；二是通过深入挖潜，在吸收优秀传统文化资源养分的基础上创造新的形态；三是挖掘优秀传统文化的思想观念、人文精神、道德规范，将其融入当代文化建设；四是提炼优秀传统文化的精神标识，向世界展示中华优秀传统文化的生命活力。

① 习近平.在文化传承发展座谈会上的讲话，[J].求知 2023（9）.

参考文献

1.吴国盛主编.科学技术史手册[M]，北京：清华大学出版社，2023.

2.吴国盛著.什么是科学？（第 2 版）[M]，北京：商务印书馆，2023.

3.胡翌霖著.技术哲学导论[M]，北京：商务印书馆，2021.

4.陈凡，文成伟编.文化与科技的融合创新研究：基于文化科技哲学视角[M]，北京：中国社会科学出版社，2022.

5.陈昌曙编.陈昌曙文集 技术哲学卷[M]，北京：科学出版社，2022.

6.黄欣荣著.数据哲学 大数据技术革命的哲学问题研究[M]，北京：人民出版社，2022 年版。

7.宋洁著.现代社会技术化的历史哲学反思[M]，北京：中国社会科学出版社，2022.

8.吴国盛编.技术哲学经典文本[M]，北京：清华大学出版社，2022.

9.白夜昕著.俄罗斯当代技术哲学的转向[M]，北京：科学出版社，2022.

10.朱春艳著.马尔库塞技术美学思想及其当代价值研究[M]，北京：中国社会科学出版社，2021.

11.黎昔柒，易显飞著.技术创新的价值哲学审视[M]，长沙：湖南大学出版社，2021.

12.［英］哈里·柯林斯，罗伯特·埃文斯著.当代技术哲学论丛：反思专场[M]，北京：科学出版社，2021.

13.李霞玲著.海德格尔存在论科学技术哲学思想研究[M]，北京：中国社会科学出版社，2021.

14.陈凡，朱春艳主编.科学技术哲学思想史[M]，北京：中国社会科学出版社，2020.

15.郭洪水，刘艳主编。技术哲学的范式演进[M]，北京：中国社会科学出版社，2020.

16.程海东著.实践语境中的技术认识研究[M]，北京：中国社会科学出版社，2020.

17.王僖，许鹏，戴黎等著.现代哲学话语下的死亡、自然与技术[M]，成都：四川大学出版社，2019.

18.田文主编.马克思"生活世界"视阈下的后现代技术哲学研究[M]，北京：中国社会科学出版社，2019.

19.吴国林著.当代技术哲学的发展趋势研究[M]，北京：经济科学出版社，2019.

20.科学技术哲学编写组编.科学技术哲学[M]，北京：高等教育出版社，2019.

21.刘则渊，王飞著.德国技术哲学简史[M]，北京：人民出版社，2019.

22.［俄］B.M.罗津著.技术哲学：从埃及金字塔到虚拟现实[M]，上海：上海科技教育出版社，2018.

23.文成伟著.古希腊技术哲学思想研究[M]，北京：人民出版社，2017.

24.［美］唐・伊德著；骆月明，欧阳光明译.技术哲学导论[M]，上海：上海大学出版社，2017.

25.于骐鸣著.后现代网络技术哲学思想研究[M]，武汉：华中科技大学出版社，2019.

26.刘同舫著.技术的当代哲学视野[M]，北京：人民出版社，2017.

27.吴国盛著.技术哲学讲演录[M]，北京：中国人民大学出版社，2016.

28.肖峰著.信息技术哲学[M]，广州：华南理工大学出版社，2016.

29.［德］马丁・海德格尔著，孙周兴编译.海德格尔技术哲学文选[M]，杭州：中国美术学院出版社，2018.

30.李曦珍著.理解麦克卢汉 当代西方媒介技术哲学研究[M]，北京：人民出版社，2014.

31.王伯鲁著.技术化时代的文化重塑[M]，北京：光明日报出版社，2014.

32.朱葆伟，赵建军主编.技术的哲学追问[M]，北京：中国社会科学出版社，2012.

33.黄欣荣著.现代西方技术哲学[M]，南昌：江西人民出版社，2011.

34.刘大椿，刘劲杨主编.科学技术哲学经典研读[M]，北京：中国人民大学出版社，2011.

35.刘大椿等著.审度：马克思科学技术观与当代科学技术论研究[M]，北京：中国人民大学出版社，2017.

36.许良著.技术哲学[M]，上海：复旦大学出版社，2004.

37.［法］让-伊夫・戈菲著，董茂永译.技术哲学[M]，北京：商务印书馆，2000.

38.邓周平著.科学技术哲学新论[M]，北京：商务印书馆，2010.

39.［英］亚・沃尔夫著，周昌忠，苗以顺，毛荣运等译.十六、十七世纪的科学、技术和哲学史（上下）[M]，北京：商务印书馆，2017.

40.陈凡，陈红兵，田鹏颖主编.技术与哲学研究（2010—2011 年卷）[M]，沈阳：东北大学出版社，2014.

41.冯黎明著.技术文明语境中的现代主义艺术[M]，北京：中国社会科学出版社，2003.

42.肖峰著.人文语境中的技术：从技术哲学走向当代技术人学[M]，北京：中国社会科学出版社，2011.

43.［美］哈迪森著；冯黎明等译。走入迷宫：当代文化的同一性与变异性[M]，西安：华岳文艺出版社，1988.

44.盛国荣著。西方技术思想研究：一种基于西方哲学史的思考路径[M]，北京：中国社会科学出版社，2011.

45.曾国屏主编.现代科学技术与马克思主义哲学创新[M]，北京：人民出版社，2011.

46.黄顺基著.马克思主义哲学与现代科学技术体系[M]，北京：科学出版

社，2011.

47.王维著.哲学视角中的科学技术经济与社会发展[M]，上海：东方出版中心，2010.

48.傅畅梅著.伯格曼技术哲学思想探究[M]，沈阳：东北大学出版社，2010.

49.孙毅霖主编.自然哲学与科学技术概论[M]，上海：上海交通大学出版社，2009.

50.吴国林著.技术哲学研究[M]，广州：华南理工大学出版社，2019.

51.张青妹著.技术多模态语境下的话语研究[M]，天津：南开大学出版社，2019.

52.陈其荣著.当代科学技术哲学导论[M]，上海：复旦大学出版社，2006.

53.袁运开，陈其荣等主编.方法科学手册[M]，上海：上海科学技术出版社，1989.

54.［英］莫利，［英］罗宾斯著，司拖译.认同的空间：全球媒介、电子世界景观和文化边界[M]，南京：南京大学出版社，2001.

55.［美］梅尔文·德弗勒，［美］埃弗雷特·丹尼斯著，颜建军等译.大众传播通论[M]，北京：华夏出版社，1989.

56.［美］戴安娜·克兰著，赵国新译.文化生产：媒体与都市艺术[M]，南京：译林出版社，2001.

57.［英］史蒂文森著，王文斌译.认识媒介文化：社会理论与大众传播[M]，北京：商务印书馆，2001.

58.刘海龙著.大众传播理论：范式与流派[M]，北京：中国人民大学出版社，2008.

59.［美］希伦·A·洛厄里，［美］梅尔文·L·德弗勒著，刘海龙等译.大众传播效果研究的里程碑（第三版）[M]，北京：中国人民大学出版社，2009.

60.［美］马克·波斯特著，范静哗译.第二媒介时代[M]南京：南京大学出版社，2001.

61.［荷］麦奎尔著，祖保国，李琨译.麦奎尔大众传播理论[M]，北京：清华大学出版社，2010.

62.［英］斯托克斯著，黄红宇，曾妮译.媒介与文化研究方法[M]，上海：

复旦大学出版社，2006.

63.［美］尼古拉·尼葛洛庞帝著，胡泳，范海燕译，数字化生存[M]，海南出版社，1997.

64.蒋原伦著.媒体文化与消费时代[M]，北京：中央编译出版社，2004.

65.［美］詹姆逊著，胡亚敏等译.文化转向：后现代论文选[M]，北京：中国社会科学出版社，2000.

66.王淼洋，张华金主编.当代西方思潮词典[M]，上海：华东师范大学出版社，2013.

67.李鹏程主编.当代西方文化研究新词典[M]，长春：吉林人民出版社，2003.

68.［法］马克·第亚尼著，滕守尧译，非物质社会：后工业世界的设计、文化与技术[M]，成都：四川人民出版社，1998.

69.［美］林文刚编，何道宽译.媒介环境学：思想沿革与多维视野[M]，北京：北京大学出版社，2007.

70.［美］泽伊著，王剑南，邵宇宾译.擒获未来：21 世纪的科技与人类生活[M]，北京：生活·读书·新知三联书店，1997.

71.刘康著.文化·传媒·全球化[M]，南京：南京大学出版社，2006.

72.韩经太著.中国审美文化焦点问题研究[M]，北京：人民文学出版社，2015.

73.张宏莹著.媒介话语与社会变迁[M]，杭州：浙江工商大学出版社，2022.

74.李智著.从媒介工具论到媒介存在论 西方媒介思想的演变[M]，北京：中国传媒大学出版社，2022.

75.［美］W.詹姆斯·波特著，段鹏，韩霄译.媒介效果[M]，北京：中国传媒大学出版社，2021.

76.将原伦，张柠主编.媒介批评[M]，桂林：广西师范大学出版社，2021.

77.［美］阿瑟·阿萨·伯格著，张磊译.媒介与传播研究方法[M]，北京：中国传媒大学出版社，2020.

78.［美］保罗·亚当斯著，袁艳译.媒介与传播地理学[M]，北京：中国传媒大学出版社，2020.

79.［英］库尔德利著，何道宽译.媒介、社会与世界：社会理论与数字媒介实践[M]，上海：复旦大学出版社，2014.

80.［美］理查德·A.格申著，谢毅译.数字媒介与创新：传播管理与设计策略[M]，北京：清华大学出版社，2018.

81.［英］库兰主编；杨击译.大众媒介与社会[M]，北京：华夏出版社，2006.

82.［丹］延森著，刘君译.媒介融合：网络传播、大众传播和人际传播的三重维度[M]，上海：复旦大学出版社，2012.

83.［英］盖恩，［英］比尔著，刘君，周竞男译.新媒介：关键概念[M]，上海：复旦大学出版社，2015.

84.［美］斯特林著，王家全等译.媒介即生活[M]，北京：中国人民大学出版社，2014.

85.刘建明著.媒介批评通论[M]，北京：中国人民大学出版社，2012.

86.［英］泰勒，［英］威利斯著.媒介研究：文本、机构与受众[M]，北京：北京大学出版社，2004 年影印版.

87.［英］纽博尔德编；汪凯，刘晓红译.媒介研究的进路：经典文献读本[M]，北京：新华出版社，2004.

88.［美］罗杰·D.维曼，约瑟夫·R.多米尼克著，金兼斌，陈可，郭栋梁，周静译.大众媒介研究导论（第七版）[M]，北京：清华大学出版社 2004.

89.樊葵著.媒介崇拜论：现代人与大众媒介的异态关系[M]，北京：中国传媒大学出版社，2008.

90.［加］麦克卢汉著，何道宽译。理解媒介：论人的延伸[M]，北京：商务印书馆，2000.

91.［美］理查德·A.格申著，谢毅译.数字媒介与创新：传播管理与设计策略[M]，北京：清华大学出版社，2018.

92.［英］，戴维·巴勒特著，赵伯英、孟春译.媒介社会学[M]，北京：社会科学文献出版社，1989.

93.［美］帕特森，［美］威尔金斯著，李青藜译.媒介伦理学：问题与案例（第四版）[M]，北京：中国人民大学出版社，2006.

94.常庆编著.大众媒介论[M]，济南：齐鲁书社，2012.

95.曾一果著.媒介文化理论概论[M]，北京：中国人民大学出版社，2015.

96.王浩宇，刘勇著.玩转媒介：青少年媒介素养教育[M]，长春：吉林文史出版社，2019.

97.凌逾著.融媒介：赛博时代的文学跨媒介传播[M]，福州：福建海峡文艺出版社，2021.

98.郑燕著.人是媒介的尺度：保罗·莱文森媒介思想研究[M]，济南：山东人民出版社，2021.

99.崔林著.媒介史[M]，北京：中国传媒大学出版社，2017.

100.薛亮著.虚拟现实与媒介的未来[M]，北京：光明日报出版社，2019.

101.王勤业著，新兴媒介与科学传播[M]，北京：中国科学技术出版社，2019.

102.［丹麦］施蒂格·夏瓦著，刘君，李鑫等译.文化与社会的媒介化[M]，上海：复旦大学出版社，2018.

103.万蓉著.媒介化沟通：结构、系统与功能[M]，北京：中国政法大学出版社，2021.

104.［英］费瑟斯通著，刘精明译，消费文化与后现代主义[M]，南京：译林出版社，2000.

105.［美］温迪·维登霍夫特·墨菲著；张进，周刘冰译.消费社会与消费文化[M]，北京：知识产权出版社，2021.

106.何慧琳著.当代中国消费文化研究：主流意识形态建设的视角[M]，天津：南开大学出版社，2021.

107.叶凯著.物的意识形态：消费文化研究[M]，长春：吉林文史出版社，2018.

108.［英］西莉亚·卢瑞著，张萍译.消费文化[M]，南京：南京大学出版社，2003.

109.张肖艳著.消费文化语境中的影像狂欢[M]，北京：九州出版社，2018.

110.马钦忠著.卡通一代与消费文化[M]，长沙：湖南美术出版社，2002.

111.焦润明等著，绿色市场波：当代青年消费文化流向[M]，北京：华夏出版社，1993.

112.赵子祥，沈殿忠等著.消费文化的蜕变与解读 消费文化与现代生活方式变迁[M]，沈阳：辽宁人民出版社，2004.

113.中国人民大学创意产业技术研究院编.中国文化消费投资发展报告2022[M]，北京：社会科学文献出版社，2022.

114.徐望著，文化资本时代的中国文化消费论[M]，南京：江苏人民出版社，2022.

115.林峰著，当代大学生大众文化消费行为研究[M]，北京：中国社会科学出版社，2022.

116.吴帆著.创建消费者数字资产：文化演艺品牌数字化转型的关键决策[M]，上海：上海文艺出版社，2021.

117.王苗苗著.文化消费问题研究[M]，北京：经济管理出版社，2021.

118.高健著.江苏青年文化消费研究[M]，南京：南京大学出版社，2021.

119.王亚南著.中国文化消费需求景气评价报告 2021[M]，北京：社会科学文献出版社，2021.

120.范周著.言之有范：新消费时代的文化思考[M]，北京：知识产权出版社，2021.

121.朱旭著.创意产品设计与文化消费[M]，北京：新华出版社，2020.

122.王爽著.互联网与文化生产、推广和消费研究[M]，济南：山东人民出版社，2020.

123.资树荣等著.文化消费增长与文化产业发展联动研究[M]，湘潭：湘潭大学出版社，2020.

124.梁璐著.城市历史文化型街区的消费文化空间塑造及其机制研究[M]，西安：陕西人民出版社，2020.

125.荣跃明，包亚明编.上海消费文化调查报告[M]，上海：上海书店，2020.

126.孙凤毅著.文化消费政策绩效评估研究报告[M]，北京：社会科学文献出版社，2019.

127.张殿元著.无形的广告：消费主义、文化宰制和权力关系[M]，上海：复旦大学出版社，2019.

128.刘乃歌著.消费文化与艺术变迁，北京：中国社会科学出版社[M]，2019.

129.郭晓琳著.旅游者的面子：大流动时代中国消费者的文化嬗变[M]，北京：人民出版社，2019.

130.蒋建国著.网络消费、社交与文化变奏[M]，北京：中国社会科学出版社，2019.

131.王亚南主编.中国文化消费需求景气评价报告[M]，北京：社会科学文献出版社，2019.

132.郭苏明著，消费文化与城市景观[M]，南京：东南大学出版社，2018.

133.鞠惠冰著.消费文化研究[M]，长春：吉林出版集团股份有限公司，2018.

134.扈海鹂著.消费文化：文化现代性与消费主义[M]，北京：中国社会科学出版社，2018.

135.王文松著.时尚与文化设计：消费社会中时尚与文化产业的理论思考[M]，北京：知识产权出版社，2018.

136.毛中根等著.中国文化消费提升研究[M]，北京：科学出版社，2018.

137.褚海萍著.节俭文化与消费转型研究[M]，北京：人民出版社，2018.

138.王婧编.城市、文化消费与空间[M]，上海：上海交通大学出版社，2018.

139.，喻厚伟著.城镇化与消费文化变迁[M]，北京：社会科学文献出版社，2017.

140.王健等著.新时代扩大城市文化消费研究[M]，北京：社会科学文献出版社，2017.

141.刘永孜著.文化生产与消费研究[M]，北京：中译出版社，2017.

142.郭景萍著.消费文化与当代中国人生活方式流变[M]，北京：社会科学文献出版社，2017.

143.朱爱武著.文化价值观与消费行为差异研究[M]，长春：吉林大学出版社，2017.

144.吴石磊著.中国文化产业发展对居民消费的影响研究[M]，北京：经济科学出版社，2016.

145.杨淑萍著.消费文化背景下青少年价值观研究[M]，北京：中央编译出版社，2015.

146.朱玲著.改革开放以来中国文化消费生态变迁研究：以北京文化消费为例[M]，北京：中华工商联合出版社，2015.

147.杨魁，董雅丽著.中国消费文化观念的媒介呈现研究[M]，北京：人民出版社 2015.

148.董雅丽，杨魁著.中国消费文化观念实态研究[M]，北京：中国社会科学出版社，2014.

149.夏义生著.消费时代的文化镜[M]，长沙：湖南文艺出版社，2014.

150.杜早华著.主体的张扬与退隐：现代文化场域中的消费主义研究[M]，南昌：江西人民出版社，2014.

151.金惠敏著.消费他者 全球化与资本主义的文化图景[M]，北京：商务印书馆，2014.

152.李琴著.中国传统消费文化研究[M]，北京：中央编译出版社，2014.

153.赵爱国主编.消费文化心理学[M]，福州：福建人民出版社，2013.

154.余成功编.汉字里的传统文化[M]，北京：群言出版社，2022.

155.鲍鹏山著.我们的根与源　鲍鹏山讲中国传统文化[M]，青岛：青岛出版社，2023.

156.王蒙著.王蒙解读传统文化经典系列：天下归仁　论语解读[M]，南京：江苏人民出版社，2023 年.

157.王蒙著.王蒙解读传统文化经典系列：得民心得天下　孟子解读[M]，南京：江苏人民出版社，2023.

158.卜令全著.传统文化与高校思政融合发展研究[M]，北京：社会科学文献出版社，2023.

159.李贵卿著.互联网时代中华优秀传统文化的传承与创新研究[M]，成都：四川大学出版社，2023.

160.宋朝丽著.擦亮传统文化 IP 如何激发文化场馆活力[M]，北京：知识产权出版社，2023.

161.张应杭，蔡海榕主编.中华传统文化概论（第 3 版）[M]，杭州：浙江大学出版社，2023 年.

162.伍韬著.当代传统文化与素质教育研究[M]，北京：北京工业大学出版

社，2023.

163.逆德刚著.中国共产党优良传统文化教育[M]，北京：中共党史出版社，2023.

164.李璠著.弘扬中华优秀传统文化与中国社会发展研究[M]，北京：北京工业大学出版社，2023.

165.陈其泰著.中华传统文化何以通向马克思主义[M]，北京：外语教学与研究出版社，2023.

166.孙熙国，艾四林著.马克思主义与中华传统文化相结合十讲[M]，北京：研究出版社，2023.

167.侯永华，黄玉洁编著.中华传统文化三十六讲[M]，郑州：文心出版社，2023.

168.郭文革著.中华优秀传统文化[M]，开封：河南大学出版社，2023.

169.张岂之著.中国传统文化[M]，北京：高等教育出版社，2023.

170.任初轩编著.文化自信自强丛书 怎样弘扬中华优秀传统文化[M]，北京：人民日报出版社，2023.

171.孟庆国著，中国传统文化选粹[M]，长春：吉林教育出版社，2023.

172.王旋著.视觉传达设计中传统文化元素的运用与创新[M]，北京：中国商业出版社，2023.

173.胡政阳著.新时代思想政治教育视域下中华传统文化的当代价值 基于思政、艺术与文化的多重视角[M]，北京：光明日报出版社，2023.

174.吴韦，余辉著.中华传统文化百部经典[M]，武汉：华中科技大学出版社，2023.

175.安蓉泉，陈志坚著.中华文化的“窗口”：解读杭州优秀传统文化[M]，杭州：杭州出版社，2023..

176.杨飞，刘海华著.中华优秀传统文化融入思政课研究[M]，秦皇岛：燕山大学出版社，2023.

177.赵林著.中西文化的精神分野：传统与更新[M]，北京：九州出版社，2023.

178.杨稀雯著.中国传统音乐文化的传承与发展[M]，汕头：汕头大学出版

社，2023.

179.冯兆著.后亚文化时代中国传统文化的网络化生存[M]，北京：九州出版社，2022.

180.廖广卿等编著.传统文化的魅力 诗词联谜知识选萃[M]，桂林：广西师范大学出版社，2022.

181.张志勇编著.百年求索　演进与跃迁中华优秀传统文化重回国民教育体系[M]，北京：中华书局，2022.

182.高艳著.中华优秀传统文化在大学语文教学中的应用研究[M]，沈阳：辽宁人民出版社，2022.

183.胡栋材著.不负时代的理论自信 马克思主义与中华优秀传统文化关系问题论稿[M]，长沙：中南大学出版社，2022.

184.孙宽宁著.教育视野中的传统民俗文化传承[M]，北京：中国社会科学出版社，2022.

185.林国标编.中华优秀传统文化概论　思想篇[M]，济南：山东大学出版社，2022.

186.张国梁等著.齐鲁传统文化在现代乡村振兴中的创造性转化研究[M]，北京：中国商业出版社，2022.

187.谢霄男著.中华传统文化对构建人类命运共同体的作用与路径研究[M]，北京：人民出版社，2022.

188.田香等编著.中国传统文化[M]，湘潭：湘潭大学出版社，2022.

189.李洁著.传统文化元素中的视觉传达与表现研究[M]，长春：吉林出版集团股份有限公司，2022.

190.，唐明燕著.中华优秀传统文化的核心理念[M]，北京：中华书局，2022.

191.李清娟，古诗菁著.传统文化的现代表达　上海故事的世界传播[M]，上海：上海人民出版社，2022.

192.张慧春著.数字出版模式下传统文化传承的版权问题研究[M]，北京：知识产权出版社，2022.

193.杜立婕著.基于历史和文化传统的本土经验[M]，北京：宗教文化出版社，2022.

194.楼宇烈著.中华优秀传统文化大家谈 中国传统文化精神[M]，济南：济南出版社，2022.

195.朱汉民著.中华优秀传统文化大家谈 儒学发展与文化复兴[M]，济南：济南出版社，2022.

196.段超著.中华优秀传统文化传承体系研究[M]，北京：中国社会科学出版社，2022.

197.田广林主编.中国传统文化概论（第3版彩色本）[M]，北京：高等教育出版社，2022.

198.杨朝明著.中华优秀传统文化大家谈 孔子文化与当代中国，济南：济南出版社，2022.

199.张其成著.中华优秀传统文化大家谈 中医文化与国学复兴[M]，济南：济南出版社，2022.

200.张祥龙著.中华优秀传统文化大家谈 家与中华文明[M]，济南：济南出版社，2022.

201.宋志明著.中华优秀传统文化大家谈 儒学转型与中国哲学精神[M]，济南：济南出版社，2022.

202.白彩霞等编著.中华优秀传统文化十六讲[M]，北京：中国人民大学出版社，2022.

203.康丽娟，宋萱著.传统吉祥文化在当代设计中的应用研究[M]，成都：四川大学出版社，2022.

204.胡建升著.文化大传统与神话历史[M]，上海：上海交通大学出版社，2022.

205.周烁方，朱建军编.东方苍穹下的心理与心灵 意象对话与传统文化[M]，北京：知识产权出版社，2022.

206.张利著.中华优秀传统文化经典诗文导学[M]，北京：北京理工大学出版社，2022.

207.王娜著.乡村振兴战略中传统文化建构研究[M]，北京：中国纺织出版社，2022.

208.上海市陈鹤琴教育思想研究会主编.源头“活水”基于“活教育”思

想的中华优秀传统文化教育的实践研究[M]，桂林：广西师范大学出版社，2022.

209.江婷著.优秀传统文化与高校思想政治教育的融合研究[M]，北京：线装书局，2022.

210.刘超著.新时代思想政治教育与传统文化融合发展研究[M]，长春：吉林大学，2022.

211.赵文静等编著.传统文化融入高校思想教育的课程设计[M]，北京：科学出版社，2021.

212.韩治国著.中华优秀传统文化融入新时代教育面面观[M]，北京：光明日报出版社，2021.

213.冯志英著.中国传统文化德育思想研究[M]，西安：西安交通大学出版社，2021.

214.田颂文著.传统文化与高校思想政治教育融合发展的价值审视[M]，北京：北京工业大学出版社，2020.

215.任建国，张磊著.思想政治教育与传统文化[M]，天津：天津人民出版社，2020.